La Cocina de un Cubano

CHEF Veimar N. Loyola
Fonseca

La Cocina de un Cubano

selvi
ediciones

© Veimar N. Loyola Fonseca, 2012

Editora ejecutiva: Iris Gorostola
Edición y corrección: Ana María Muñoz Bachs
Fotografía: Rodolfo Martínez
Diseño y maquetación: Gerda Andux Collazo
Preprensa e impresión: Selvi Artes Gráficas

ISBN: 978-84-940905-0-9
Deposito Legal: V-85-2013
Ediciones Selvi
Director: Miguel Selvi Garayoa.
Dirección: Miguel Selvi Cariñena 22-24. Beniparrell.
46469. Valencia España.
www.graficasselvi.com
gestión@mselvi.com
Teléfono: +34 961 200 942

SUMARIO

- - - - - - - - - - - - - - -

INTRODUCCIÓN

Somos jóvenes en la historia del mundo, son solo quinientos años. Somos mezcla, confluencias y legado de quienes han estado entre nosotros y de los que finalmente se han quedado... Somos, como sabiamente lo dijera Don Fernando Ortiz: "...un ajiaco que aún no termina su cocedura". Así lo siento y entiendo, así lo he vivido a través de mis dieciocho años de trabajo en el terreno de lo culinario.

En la cocina también vive el arte, con nuestro libro y sus recetas aspiramos a demostrarlo. ¿Y qué pretendemos con su publicación? Mostrar una cocina rápida, de gratos aciertos, plena de creatividad al utilizar los ingredientes con que contamos en la Cuba de hoy, orientar a quienes cumplen esta ocupación en sus hogares para que siempre acierten y terminen en la cocina más rápido de lo que imaginan, con solo organizarse en tan importante quehacer. Déjese guiar y descollará como chef en su propia casa. La cocina, además de nutrir, constituye un hecho social, y pertenece sin dudas al terreno de la cultura. Cuba es ejemplo de mezclas, de raíces, de idiosincrasia que transmitimos de boca en boca, de familia a familia, Todos, desde el primer colonizador hasta el niño que acaba de nacer en este momento, son producto de un incesante, increíble mestizaje. Así lo creemos.

TOMATE 20⁰⁰
GUAYABA 3⁰⁰ LB
MALANGA 5⁰⁰ LB
LIMÒN 8⁰⁰ LB
CACHUCHA 20⁰⁰ LB
Pimiento 10⁰⁰ LB
P MACHO 4⁰⁰ LB

1. VEGETALES Y FRUTAS

En nuestra isla la gran mayoría de las tierras dedicadas
al cultivo son tratadas, generalmente, con productos or-
gánicos, en viveros, parcelas y organopónicos, obteniendo
cultivos líderes de alto nivel biológico y saludables para
el hombre, el problema radica en que no son suficientes en
su oferta y tienen altos precios.
Las frutas, encanto de quien las consume, dádivas del tró-
pico, llenas de azúcar y melaza, se disputan en esta tierra variedad de tipos de sabor y color.
En Cuba, las condiciones de la tierra y consecuentemente
los productos agrícolas que de esta se logran, tienen di-
ferencias. Así sucede con las zonas occidental, central y
oriental de nuestra isla. Quién no daría sus mejores opi-
niones y anécdotas acerca de los mangos del Caney de San-
tiago de Cuba, o de las guayabas de San Diego en Pinar del
Río, o de los plátanos manzanos de Ciego de Ávila, o de
las sabrosas naranjas nebú de Melena del Sur; qué decir de
la oportunidad de saborear tales frutos de nuestro terru-
ño, de lo que expresan, de la posibilidad de explorar y
encontrar, de crear con estas maravillas, lo mismo sucede
con los vegetales, solo les propongo que intentemos cocinar con ellas.

Ensalada Refrescante de Vegetales y Frutas
envuelta en tortillas de harina

Ingredientes:

- ½ tz de piña pelada y cortada
- ½ tz de melón sin corteza y cortada
- ½ tz de mango pelado y cortado
- ¼ de tz de guayaba cortada
- 1 hoja de acelga
- 1 rama de hierba buena
- ¼ tz de col
- 1 pimiento
- ½ cebolla
- 2 cucharadas de mayonesa
- 1 huevo
- 1 cucharada de aceite
- ½ tz de harina
- 1 gr de sal
- 1 limón

Elaboración:

Disponer de la col y demás ingredientes vegetales para el montaje, pelar las frutas y cortarlas en la forma que desee, siempre teniendo en cuenta su textura y composición, estos cortes pueden variar, humedezca todo con zumo de limón y reserve.

Tiempo de ejecución:
10 min
Complejidad:
Baja

Tortilla: en un bol mezclar la harina, el huevo y el agua con una pizca de sal, entonces mezcle hasta que se homogenice y se consiga una mezcla espesa y densa con una textura muy parecida a la de las cremas, embadurne una sartén con aceite en su superficie y póngala a calentar vivamente, cuando se alcance la temperatura adecuada agregue la crema ya preparada y mueva circularmente hasta que se cubra toda la base de la sartén, es importante que esté bien fina y delgada, como una tortilla de un solo huevo, por eso debe dosificar la cantidad de mezcla para agregar a la sartén de igual manera, cocer hasta que doren por las dos caras y dejarlas refrescar. Envuelva la tortilla en forma de cucurucho, combine las frutas con los vegetales y rellénela con esta mezcla, póngale mayonesa y finalmente la hojita de hierba buena. Disfrútelo.

Si le quedasen tortillas extras no se preocupe, colóquelas en el frío dentro de una bolsa, las puede tostar y utilizar al día siguiente como desayuno, merienda, o sencillamente para acompañar frijoles.

Consejo

13

Elaboración:

Lave todos los vegetales, córtelos de la manera que prefiera y mézclelos todos (exceptuando los pimientos), después de cortados colóquelos en un bol de cristal o de acero inoxidable y déjelos reposar al frío por espacio de 5 minutos, en la vinagreta o salsa que a continuación explico:

Vinagreta: en una botella de cristal coloque el vinagre, los ajos martillados y las ramitas de al-

Ensalada de Tomates,
cebollas y pimientos asados al fuego

Ingredientes:

1 tomate entero maduro
   y mediano
1 cebolla mediana entera
2 pimientos pequeños
   (rojo y verde)
5 dientes de ajo
3 ramitas de albahaca
1 taza de vinagre
1 1/2 taza de aceite
1 gr de sal

bahaca con sal, remueva agitando todo dentro de la botella, termine agregando el aceite y póngales a los vegetales, agítela puntualmente para mantenerla mezclada. (La proporción de vinagre es de 1 con respecto a 2 y ½ de aceite en las vinagretas comunes, según tanto por tanto). La intención es que prevalezca el sabor ácido y que no resulte tan pesada sobre los vegetales. Termine poniendo el pimiento a las llamas directas de la cocina y áselo ligeramente hasta que se le pueda extraer la piel con las yemas de los dedos y bajo el grifo.

*Consejo:

Logra hacer esta salsa para aderezar las ensaladas multiplicando por 4 los ingredientes de la vinagreta, obtendrá un litro aproximadamente, consérvelo en la parte baja del refrigerador, con lo que logra tener un aderezo para ensaladas durante muchos días, y con su transcurso se acentuarán en gran medida los sabores de la vinagreta.

15

Arepas con compota de frutas

Elaboración:

Tiempo de ejecución: **10 min**
Complejidad: **Baja**

Ingredientes:

- 1 huevo
- ½ tz de harina
- ½ cucharadita de polvo de hornear o de levadura
- 2 cucharadas de aceite
- 1 ramita de hierba buena
- 2 cucharadas de leche en polvo
- 1 limón mediano y jugoso
- 1 ½ tz de agua
- 1 gramo de sal
- ½ tz de fruta bomba pelada
- ½ tz de mango pelado
- 2 cucharadas de miel de abejas

* Consejo:

Si no tiene miel puede utilizar azúcar, y con esta lograr un sirope o almíbar ligero, pero recuerde: la miel es mucho más agradable y sana. Que le aproveche.

Cortar las frutas en trozos sin importar medida, conserve para el final una pequeña porción cortada en daditos, en una sartén poner directamente la miel y calentar hasta que comience a espumar, adicionar las frutas y el zumo de limón, dejar cocer por 2 minutos aproximadamente removiendo y a fuego medio, poner a refrescar y pasar la preparación por una batidora o licuadora, licuar hasta que obtenga una crema o logre la_textura de compota, resérvela.

Arepas: En un bol mezcle la harina, el huevo, el polvo de hornear o en su defecto la levadura, mezcle esta primera parte, continuar con la adición de la leche en polvo y el agua hasta conseguir una mezcla homogénea y con textura de crema fuerte, rectifique la sal, en una sartén o plancha bien caliente, a fuego medio, humedézcala de aceite

con una cuchara o cucharón pequeño, dosifique y agregue al centro de la sartén quedándole una tortica de arepa, la proporción se aproximará a /4 de taza, cocine hasta que dore por ambas caras, presentar con la

compota y trocillos de frutas frescas y decorar con la ramita de hierba buena.

17

Mixto de Vegetales del Bosque

con queso y moringa

Elaboración:

Ingredientes:

- ½ cebolla mediana
- 2 hojas de lechuga
- 2 hojas de col
- 2 hojas de acelga
- ½ pepino pequeño
- 1 tomate mediano
- 2 ajíes cachucha
- 1 rebanada de pan tostado
- 10 maníes
- ½ cucharada de uvas pasas
- 1 rebanada pequeña de queso (del tipo que sea)
- 1 cucharada de aceite
- 1 limón
- 1 hojita de cilantro
- 1 gr de sal
- 1 ramita de moringa

Tiempo de ejecución:
10 min
Complejidad:
Baja

Higienizar todos los vegetales, cortar de forma cuidadosa los de hoja, en el caso de la lechuga no utilice cuchillo, solo pártala con los dedos, corte la cebolla, el tomate, el pepino y el ají en trozos grandes, esto le dará vida y movimiento a la preparación, con el zumo que le extraiga al limón, el aceite y el cilantro bien cortado, casi triturado, haga una mezcla, combine los vegetales de hoja, póngalos de base o lecho y agregue sobre estos parte del aderezo, continúe montando de manera escalonada el resto de los vegetales uno encima de otro, trocee el queso y colóquelo también, esparza los frutos secos, deshoje la moringa y corone con esta la preparación, termine con el resto del aderezo bañando la preparación.

*Consejo: La moringa vegetal de tipo arbusto pequeño contiene un sinnúmero de nutrientes en cantidades impresionantes, puede consumirse en ensaladas o en guisos, es verdaderamente suave en su sabor y de textura simple o sencilla; en el caso del queso puede utilizar el que tenga a mano, desde amarillo con cura hasta proceso o blanco fresco, en caso de que el cilantro le resulte muy agresivo sustitúyalo por perejil.

Ensalada de Pollo
con hojitas de col o lechuga y frutas

Tiempo de ejecución:
20 min
Complejidad:
Baja

Elaboración:

Ingredientes:

1 ¼ tz de pollo
2 hojas de col o lechuga
2 cucharadas de mayonesa
½ cucharada de mostaza
1 ramita de albahaca
½ cebolla mediana
½ taza de piña pelada
1 tomate pequeño
1 limón
2 gr de sal
1 gr de pimienta
1 rama de apio

Ponga 1 litro de agua con sal a hervir, sal-pimente el pollo sin piel y de ser posible des-huesado, pón-galo a cocer en el agua hirviente por espacio de 10 minutos, en caso de estar des-huesado, y 20 minutos si no lo está, refrés-quelo y enfríelo, cor-te finamente el resto de los vegetales, al igual que la piña, pero en tiras, esto le dará armonía a la presentación, utilice una de las hojas de lechuga o de col como zócalo o base, los vegetales cortados póngalos de lecho y desmenuce el pollo ya frío, combi-nelo con la piña y termine con la cebolla, y zumo de limón, gotas de mayonesa, y el apio trinchado por encima, sírvase fría.

*Consejo:

El apio, además de hierba aromática, es humificador. Si quiere conservar un pan sin que le coja moho, colóquelo en una bolsa de nylon con una rama de apio dentro, deje escapar el aire y ciérre-lo, le durará más de 7 días a la sombra y al fresco en perfectas condiciones. Aplicable para cualquier tipo de pan.

Tapa 1

Escabeche
con cebolla y pepinillo

¼ de cebolla pequeña
1/8 de taza de pepino
2 ajíes cachucha
1 tz de aceite
3 cucharadas de vinagre
1 hoja de laurel
1 limón
1 gr de pimienta en grano
1 rebanada de pan tostado
1 gr de sal

Cortar el pepino en ruedas y cocerlo en 1 de vinagre por 1 de agua durante 5 min. Escurrir y reservar, trocear la cebolla y el cachucha, secarlos en harina y salpimentar, freír hasta que dore, preparar marinada o adobo con el aceite restante, el vinagre, el limón, la pimienta y el laurel, introducir allí los vegetales dorados y dejar reposar por 10 min. Escurrir y servir en rebanada de pan.

Tapitas de mi Abuela Isleña

Tiempo de ejecución:
30 min
Complejidad:
Media

Tapa 2

Jamón y uvas pasas

2 lascas de jamón Viking
½ cucharada de uvas pasas
1 hoja de acelga
1 hoja de col
1 pimiento mediano
1 rebanada de pan tostado
1 cucharada de aceite
1 gr de sal

Tapa 3

1 taza de harina
1 ½ taza de caldo
de pollo
½ cebolla
2 dientes de ajo
1/8 de pollo cocido
¼ tz de chorizo picado
2 cucharadas de aceite
1 cucharada de pan molido
1 cucharada de leche en polvo
1 huevo

Croquetas
de pollo
y chorizo

En una cazuela a fuego medio pone el aceite a calentar, adicionar la harina y remover hasta que se comience a despegar de los bordes de la cazuela, adicionar el resto de los ingredientes bien picados o mejor molidos, seguir mezclando y removiendo con la adición de la leche diluida en agua, continuar con el caldo de pollo hasta que la masa tome la consistencia deseada, como la textura de las masas de croquetas, bolear a su preferencia, empanar y freír.

Rebanar el jamón y después cortar en tiras finas, proceder igual con la col, la acelga y el pimiento, colocar sobre la tostada de pan y terminar con la adición de las uvas pasas.

Huevos de Gallina en Divorcio sobre galletas de soda

Tiempo de ejecución:
15 min
Complejidad:
Baja

Elaboración:

Cocer los huevos 9 min, siempre después que el agua rompa a hervir.
Pasado este tiempo, descascarar y cortar longitudinalmente, extraer la yema cocida con cuidado de no estropear la clara, una de las yemas pasarla y mezclar con kétchup y cebolla bien trinchada y la otra pasarla con 1 cucharada de mayonesa y

Ingredientes:

2 huevos
1 paquetico de galletas de soda
1 cucharada de kétchup
2 cucharadas de mayonesa
¼ cebolla

1 ají cachucha
1 diente de ajo
1 ramita de perejil
1 gr de sal

perejil, el resto de la mayonesa mézclela con el ajo bien trinchado para acompañar las galletas de soda, en el vacío de las claras cocidas monte una de las cremas de kétchup a dos de ellas y de mayonesa y perejil a las dos restantes, acompañe todo con un buen vaso de limonada.

* Consejo:

Lo más seguro es que le haya quedado un excedente de yemas con kétchup y mayonesa, mezcle las dos con un poco más de mayonesa le quedará una pasta de bocaditos muy nutritiva para las meriendas, tápela y refrigérela.

Ingredientes:

½ tz de fruta bomba
pelada
1 plátano fruta ma-
duro
½ guayaba
1 naranja dulce
½ tz de melón sin
corteza
2 gr de sal
2 cucharadas
de miel
1 limón

Tiempo de
ejecución:
10 min
Complejidad:
Media

Frutas Mojadas de Limón con Sal sobre hilos de miel

Elaboración:

Después de lavadas y peladas las frutas, córtelas con arte, sea creativo, diviértase, utilice la forma que se le ocurra, tendrá colores para estimular la inventiva y saborear, espolvoree sal, exprímale ½ limón y hágale unas líneas de miel o en su defecto de caramelo, congelar hasta casi glasearse, disfrútelas.

* Consejo:

Las frutas pueden ser las que tenga en casa o simplemente sustituir unas por otras, en caso de usar caramelo y no miel, trate de poner las frutas sobre una superficie lisa o pulida previamente pintada en aceite y báñelas con el caramelo aún caliente, prosiga con la receta.

Ingredientes:

3 mazorcas
de maíz tierno
3 dientes de ajo
1 cucharada de aceite
½ cebolla mediana
½ tz de jamón, panceta, bacon o chorizo
1 ají
1 tomate natural
½ cucharada de vino seco
2 gr de sal

Elaboración:

Separar las hojas de la mazorca y reservar las mejores en agua fresca, extraer los granos de maíz con la ayuda de un cuchillo de poco filo, como si estuviera pelando la mazorca por entre la tusa y el grano. Moler el grano y reservar en bol, cortar el resto de los ingredientes, los cárnicos en dados pequeños y los vegetales bien trinchados, en una sartén poner a calentar el aceite a fuego medio colocando los embutidos para que destilen sus grasas, continuar con la adición de los vegetales obteniendo un sofrito, dejar refrescar y mezclar con el maíz molido punteándolo de sal, poner abundante agua en una cazuela a calentar y por

*Consejo:

Si le queda mucho preparado de maíz sazonado congélelo, mézclelo con la mitad de la proporción de harina, le servirá para preparar otro día exquisitas frituras saladas.

Tiempo de ejecución:
35 min
Complejidad:
Media

otra parte preparar unos sobrecitos con las hojas del maíz lo más pequeños, posible (mientras más pequeños, más atractivos). Rellene con la mezcla, tape y amarre a medida que los prepara, colóquelos en el agua que ya tiene al fuego, tápelos y cuézalos por 30 min. Apague el fuego y manténgalo en su agua, sírvalo tibio. Verá qué sabroso.

Tamal Tibio
con refrito de ajíes y embutidos

2.

SOPAS,

CALDOS,

SOFRITOS Y ADOBOS

En este capítulo no podemos dejar de mencionar el ajiaco, término, o mejor dicho, calificativo, que utilizó nuestro tercer descubridor, Don Fernando Ortiz, para denominar el tremendo entrecruzamiento de culturas que se acrisolaron en Cuba.

Isla llena de influencias de las más impensadas y pensadas regiones del mundo, mundo que en cualquiera de sus culturas cita los caldos, las sopas y los potajes como forma de alimentación a enfermos, pobres y ricos para aliviar el frío o para abrir el apetito en mesa de alcurnia o de humildes, dependiendo de los productos que la compongan, lo mismo de género vegetal o animal, es el súmmun en cualquier cocina: los fideos, las leguminosas, las viandas, las sazones, y de muchos otros que hoy son ya muy cubanos, esta vez los presento al considerarlos básicos de nuestra mesa.

Caldo de Pollo

La mayoría de las elaboraciones en la cocina se hace con caldo, en cualquier preparación siempre es bueno contar con una sustancia que nos garantice sabor y nutrición, de ahí parte casi todo.

Ingredientes:

250 gr de pollo
100 gr de cebolla
2 dientes de ajo
1 rama de perejil
1 hoja de laurel
1 zanahoria grande
2 tomates naturales
1,5 lt de agua

Tiempo de ejecución:
15 min
Complejidad:
Media

Elaboración:

Para obtener el caldo es importante tener el agua a temperatura ambiente y los ingredientes semiporcionados, o sea, cortados grosso modo (en el caso del pollo, preferiblemente sin piel), colocar al fuego y dejar cocer hasta que hierva, cuando esto suceda bajar la temperatura de tal manera que no ebulla más de 10 min. ¡Colar, y ya está! Sirve lo mismo para una sopa con adición de fideos que para un sabroso arroz amarillo o como fondo para una salsa. Suele ser lo primero para empezar a cocinar.

* Consejo:

Si fuera hecho con pescado, carne de res, vegetales u otro ingrediente, puede mantener el mismo modo de elaboración. Si dispone de algo de tiempo o igual quiere ahorrárselo, cuele el caldo resultante, colóquelo nuevamente a fuego lento y déjelo consumir hasta una octava parte, refrésquelo, congélelo, y lo tendrá por adelantado para ser utilizado otro día.

Ingredientes:

2 tazas de caldo (en su defecto, agua)
100 gr de arroz blanco del día anterior
30 gr de cebolla
2 dientes de ajo
30 gr de ají
1 ramita de albahaca
1 cucharada de vino seco
1 cucharada de aceite
1 cucharada de pasta de tomate
120 gr del ingrediente cárnico del día (pollo, cerdo, ahumados, pescado, mariscos, res o la mezcla de estos)
3 gr sal y 1 gr de pimienta

*Consejo:

Si desea una masa para frituras de pescado, lleve la preparación hasta adicionar el caldo pero no agregue el arroz, baje el fuego al líquido que hasta el momento ha logrado y déjelo refrescar bien, adicione un huevo y 2 tazas de harina de trigo aproximadamente hasta lograr una masa bien consistente, dosifíquela con ayuda de una cucharita en porciones bien pequeñitas y fríalas en aceite bien caliente.

En una sartén honda poner el aceite y calentar a fuego medio, adicionar la cebolla, el ajo y el ají cortados en la forma que prefiera, añadir el género cárnico (sin huesos) previamente salpimentado, a continuación la pasta de tomate, agregar el vino seco, y remover de tal forma que los ingredientes no se peguen al fondo de la sartén, logrando que los cárnicos se doren por todas sus caras, continuar adicionando el líquido (caldo o agua) a temperatura ambiente, añadir por último el arroz, mover cada un minuto aproximadamente. Cuando rompa el hervor, dejarlo por espacio de tres minutos. Esperar a que se refresque y pasar por la licuadora hasta convertir todo en una crema lisa, rectificar la sal.

Sopa Crema de Arroz

Ingredientes:

200 gr de frijoles negros
5 dientes de ajo
50 gr de ají
50 gr de cebolla
1 ramita de albahaca
1 cucharada de miel
1 cucharada de vino seco
2 cucharadas de aceite
1 hoja de orégano de la tierra
1 gr de comino
3 gr de sal
1 gr de pimienta
1 limón
Pan del día

Tiempo de ejecución:
25 min
Complejidad:
Baja

*Consejo!

Si quiere obtener mejores resultados con el ablandamiento de cualquier grano leguminoso, póngalos en remojo desde el día anterior con abundante agua y guárdelos en el frío.

Como es acostumbrado, cocer los granos en abundante agua con una cucharada de aceite hasta que ablanden bien, después que estén blandos, tomar la mitad y triturarlos en una sartén logrando un puré, adicionar la cucharada restante de aceite con el resto de las especias bien mezcladas, poner al fuego y rehogar por 2 min. el vino seco, dejar trabajar por 2 min. Verter todo en la cazuela donde está el resto de los frijoles, llevar a fuego lento nuevamente hasta que cuaje, terminar con la adición de miel, gotas de limón, sal y pimienta. Acompañar con pan tostado.

Frijoles Dormidos

a lo cristiano, congo y carabalí

Sopa de Fideos y Pollo con vegetales

Ingredientes:

- 50 gr de fideos
- 100 gr de pollo sin piel
- 50 gr de acelga
- 50 gr de zanahoria
- 50 gr de cebolla
- 3 dientes de ajo
- 2 tomates maduros
- 1 cucharada de aceite
- 1 limón
- 3 gr de sal
- 1 gr de pimienta

Tiempo de ejecución:
15 min
Complejidad:
Baja

*Consejo!

Nunca reutilice el pollo después de haber sido cocido en una sopa, porque transfiere todos sus nutrientes una vez cocidos de ese modo (los huesos aportan más sabor y nutrientes en los caldos que las propias carnes)

Elaboración:

En una cazuela honda ponga la cucharada de aceite. Lave, pele y corte las zanahorias en rebanadas finas, así como la cebolla y los dientes de ajo, corte los tomates en mitades y remueva todo, adicione el pollo y continúe removiendo a fuego bien alto, luego adicione el agua y espere a que hierva, agregue los fideos y la acelga cortada bien fina, baje el fuego y deje cocer por 10 min. Retire la espuma de la sopa con ayuda de una espumadera, rectifique sal y pimienta, sirva caliente acompañada de una rebanada de limón.

39

Sopa Cuajada de Plátanos Verdes salpicada con ajo refrito

De no gustarle el sabor del ajo tostado, puede unirlo crudo directamente al licuado, el punto de aceite y la sal los dará al final.

*Consejo: ◁

Ingredientes:

2 plátanos verdes vianda
1 cucharada de aceite
1 tz de agua
2 dientes de ajo
Sal al gusto

Tiempo de ejecución:
15 min
Complejidad:
Baja

Elaboración:

Cocine al horno o hierva los plátanos enteros con su piel, cuando estén blandos, déjelos refrescar y retíreles la corteza, córtelos en porciones de una pulgada aproximadamente, y tibios aún póngalos en la batidora o licuadora con el agua y la sal al gusto. Bata hasta lograr licuarlo obteniendo una crema medianamente densa, por otra parte, en una sartén ponga el aceite con el diente de ajo simplemente martillado, déjelo dorar ligeramente, sirva la sopa y aromatícela con este aceite, decorando con los dientes dorados.

Cubitos
Muy Frios
De Sofrito
Mayabeque

42

*Consejo:

Una de las formas para minimizar tiempo en la cocina es tener por adelantado lo esencial, este sofrito de seguro cubrirá sus expectativas, ¡pruébelo!

Ingredientes:

3 tomates naturales
10 dientes de ajo
2 ajíes enteros
2 cebollas enteras
3 hojas de orégano
    de la tierra
Un gr de comino
2 cucharadas de
    vino seco
1/2 cucharada de
    azúcar
1 cucharada de
    aceite

Elaboración:

En una sartén a fuego lento colocar el aceite y adicionar el ajo trinchado al igual que el ají y la cebolla, triturar con las manos los tomates, rasgar con los dedos las hojas de orégano, adicionar el comino, el azúcar y remover, cuando todo se haya marchitado, adicionar el vino seco. Avivar el fuego y apagar cuando comience a ebullir, introducir todo en el vaso de una licuadora y batir. Deje refrescar y utilice unos de los reservorios para cubos de hielo de su refrigerador, rellénelo con esta mezcla, congélelo, y quedarán listas y separadas porciones para cuando las necesite.

Ingredientes:

4 naranjas agrias
10 dientes de ajo
4 cucharadas de aceite
5 gr de sal

Elaboración:

Poner el aceite al fuego en la sartén hasta que esté tibio, adicionar el ajo triturado, obtener el zumo de las naranjas ya colado y agregarlo, puntear con sal, subir el fuego y dejar que cueza por 20 segundos. Utilícelo sobre carnes asadas, viandas hervidas o fritas, o sobre el congrí.

*Consejo:

A esto le llamo yo Sabor Cuba, es el ABC de nuestra cocina, también es útil para asar el pollo Rancho Luna, que cada 15 min se baña con este mojo, o para ponerles encima a las yucas, calabazas, o a unas ricas frituras de vegetales o pescado.

ABC Cuba
(naranja agria,
ajo, aceite y sal)

Ingredientes:

Tipo 1 (con ají)

2 ajíes
2 dientes de ajo
Una cebolla

Tipo 2 (con tomate)

2 tomates maduros
5 dientes de ajo
½ cebolla

Una ramita de albahaca
Una ramita de perejil
Una cucharada de aceite
Sal y pimienta al gusto

Elaboración:

Lavar y pelar todos los ingredientes, disponer de una sartén y entibiar el aceite, picar finamente el ají o el tomate (en dependencia de la variante que sea), así como el resto de los ingredientes, cocer a fuego lento por 10 min. En el caso del ají dejarlo con las pepitas (semillas), hacerlo reducir hasta obtener una pasta casi compacta, terminando con sal y pimienta al gusto, será especial para cocinar cualquier platillo o para simplemente untar en tostadas.

Sazón Fresco Capitalino

*Consejo:

La causa de recomendar estas dos variantes es debido a los sabores predominantes que aporta el tomate o el ají; en el caso del ají, recordar que la permanencia de su sabor va más allá de los demás ingredientes, la del tomate no resulta tan predominante, pero sí más versátil.

Ingredientes:

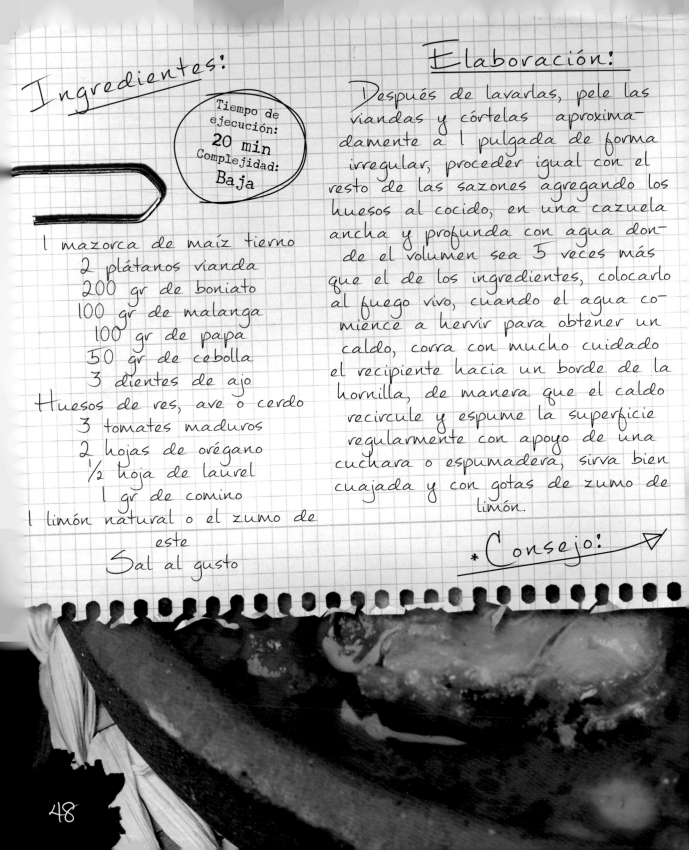

Tiempo de ejecución:
20 min
Complejidad:
Baja

1 mazorca de maíz tierno
2 plátanos vianda
200 gr de boniato
100 gr de malanga
100 gr de papa
50 gr de cebolla
3 dientes de ajo
Huesos de res, ave o cerdo
3 tomates maduros
2 hojas de orégano
½ hoja de laurel
1 gr de comino
1 limón natural o el zumo de
este
Sal al gusto

Elaboración:

Después de lavarlas, pele las viandas y córtelas aproximadamente a 1 pulgada de forma irregular, proceder igual con el resto de las sazones agregando los huesos al cocido, en una cazuela ancha y profunda con agua donde el volumen sea 5 veces más que el de los ingredientes, colocarlo al fuego vivo, cuando el agua comience a hervir para obtener un caldo, corra con mucho cuidado el recipiente hacia un borde de la hornilla, de manera que el caldo recircule y espume la superficie regularmente con apoyo de una cuchara o espumadera, sirva bien cuajada y con gotas de zumo de limón.

*Consejo: ▷

El ajiaco es una preparación a la que se le pueden sustituir o incorporar ingredientes, no importa cuáles sean, solo es necesario combinar bien las viandas y sazones, y que se obtenga una sopa bien cuajada sin exceso de grasa ni sabor demasiado fuerte.

Ajiaco en el Día de Fiesta Humilde

49

3. ARROCES Y VIANDAS

¿Qué cubano prescinde del arroz en la mesa? Lo mismo blanco, que moros y cristianos, que congrí, con sus características y complejidades. De tradición permanente en nuestra dieta, forma básica de alimentarnos, de una manera u otra siempre presente, se transfiere día a día de generación a generación, así es como se ha legado el más versátil de los cereales, de uso obligado, de plato permanente, con variaciones al prepararlo, pero el arroz es el mejor aliado de cualquier plato hecho en nuestra cocina.

Hoy los estudiosos del tema no se ponen de acuerdo sobre el origen de este cereal, dónde apareció por primera vez en la civilización humana; a nuestro entender nos llegó de España, y con maneras de cocción hoy tenidas como bien sanas, como al vapor, y nos vino también junto a disímiles especias heredadas del paso de ocho siglos de permanencia de los moros en esa gran península. Algo parecido ocurrió con las viandas, movidas por el comercio o por el capricho de algún viajero que descubrió que aquí se lograban bien, unas llegadas desde África, otras de la América continental, y otras de la mismísima Europa, que permiten diversos modos de preparación, desde simplemente hervidas hasta asadas, o sabrosamente fritas.

Raíces y tubérculos son también parte ya de nuestra rica naturaleza, inseparables de nuestros guisos, o bañados con nuestros mojos, o fritos solo con sal, en ensaladas cuidadosamente aliñadas junto con vegetales exuberantes: la zanahoria, la papa, la yuca, el boniato, el plátano, la calabaza (estos últimos son realmente frutas, pero todos los cubanos las han "metido" en el mismo saco, junto a las viandas.
Entonces, salgámonos de lo ya conocido e incursionemos con creatividad.

1 tz arroz blanco del día anterior
1 cucharada de mantequilla
1 ramita de albahaca
½ cebolla pequeña
½ ají pequeño
1 hoja de acelga con su tallo
50 gr de zanahoria
50 gr de calabaza
¼ tz de maíz en grano
1 cucharada de vinagre
½ tz de caldo de ave o de res

Elaboración:

Ponga a cocer, en una cazuela con poca agua, la zanahoria pelada o cortada en dados o en rebanadas durante 5 min. Después agregue la calabaza pelada, despepitada, y en dados o en rebanadas, en ese momento incorpore el vinagre al agua, cueza todo por 5 min. más y escurra, saque los vegetales. En una sartén coloque la mantequilla a fuego medio, con mucho cuidado de que no se nos queme, agregue la cebolla cortada en dados al igual que el ají y la acelga, remueva hasta que se marchiten, continúe agregando el maíz y adicione el caldo, baje el fuego, cueza por un instante para ablandar el grano y aromatizar el caldo con el maíz, cuando se haya consumido la mitad del líquido, agregue el arroz mezclándolo todo, deje secar al fuego lento y sirva bien caliente con las hojas de albahaca por encima de la preparación: despertará aromas inusitados.

*Consejo:

Si desea un sabor más intenso, cuézalo directamente al fuego dentro de un recipiente de barro y verá qué sabores más agradables podrá conseguir.

Clásico Primavera
Arroz o De Estación

Arroz Caldoso de Vegetales y Carnes a lo Veimar

*Consejo:

La adición de las carnes para este arroz puede ser de la siguiente manera: en caso de tener géneros crudos, puntear de sal y adicionar desde el principio para que vayan dorándose y cocinándose, luego los ahumados y embutidos, y por último los ya cocidos. Tenga también en cuenta que las porciones deben ser cortadas de forma y tamaño similares, esto facilitará una mejor cocción y mayor entrega de sabor por parte de los ingredientes.

Ingredientes:

1 tz arroz blanco del día
½ cebolla pequeña
1 gr de pimentón dulce
½ ají pequeño
2 dientes de ajo
½ cucharada de pasta de tomate
½ tz de caldo de res o ave
200 gr de género cárnico (crudo o cocido)
2 gr de sal
1 cucharada de aceite

Elaboración:

En una sartén amplia con bordes media-nos ponga a calentar el aceite a fuego vivo, adicione la cebolla, el ají y el ajo previa-mente pelado y cortado de manera grotesca o descuidada, continúe con la adición de la pasta de tomate y el pimentón dulce, siga con las piezas de carne, que pueden ser de cerdo, pollo, embutido, pescado u otro género, remueva todo con ayuda de una paleta o cuchara, adicione el caldo y deje cocer por espacio de 2 a 5 min. Teniendo en cuenta que puede haber varios géneros cárnicos al mismo tiempo que estén crudos o previamen-te cocidos, continúe con la adición del arroz ya hecho, hasta aquí todo se ha elaborado a fuego vivo, ponga luego su hornilla a fue-go medio y no remueva la preparación hasta que casi esté sin líquido, sirva en la misma sartén a la mesa. Disfrútelo.

Cazuelita De Arroz Verde

cerveza, pollo y cerdo

Ingredientes:

Tiempo de ejecución:
35 min
Complejidad:
Media

200 gr de arroz crudo

60 gr de carne magra de cerdo

60 gr de pollo sin piel y des-huesado

½ cebolla pequeña

3 dientes de ajo

½ tz de perejil bien trinchado

¼ tz de albahaca en hoja

2 cucharadas de aceite

60 gr de queso amarillo de cualquier tipo

½ tz de cerveza

1 gr de sal

*Consejo:

Si le gustase el sabor que hallará en el arroz verde, puede reproducirlo y saborearlo untándolo a tostadas, a pastas como espaguetis, macarrones, coditos, o con papas fritas o asadas.

Elaboración:

Corte las carnes en dados de aproximadamente ½ pulgada y póngalos a cocer en agua al tiempo con solo una pizca de sal, cuando ambos se hayan cocido debidamente, retire las carnes del caldo obtenido y resérvelo, tome las piezas, dórelas intensamente en una sartén con una película de aceite y sepárelas del fuego. En una licuadora, con el aceite restante agregue el perejil, la albahaca, el ajo, la cebolla y el queso, bátalo todo hasta lograr un licuado verde. Con el caldo resultante de las carnes comience a cocer el arroz en una cazuelita de barro puesta al fuego, o en último caso, una olla arrocera con una pizca de sal, verificando que el volumen del caldo sea igual al del arroz. Cuando comience a secar y antes de tapar, agregue la mezcla verde y las carnes, remuévalo todo hasta que tenga un color uniforme, tape y espere 20 min. aproximadamente. Después de este tiempo, remueva la superficie adicione la cerveza y espere 5 min. Tapado, sírvalo, y se sorprenderá con algo delicioso.

Puré de Boniato con miel, mantequilla y rositas de maíz

Tiempo de ejecución:
15 min
Complejidad:
Media

58

Ingredientes:

½ tz de rositas de
maíz ya hechas
460 gr de boniato
1 cucharada de miel
20 gr de mantequilla
1 gr de sal

Elaboración:

Después de haberlos lavado y pelado, cocer bien los boniatos hasta ablandar, con la ayuda de un tenedor o pasapuré adicione la mantequilla aprovechando que la mezcla está muy caliente, junto con la miel, puntearlo con sal y ponerle las rositas por encima. Perfecto para acompañar carnes cocidas a la parrilla o a la sartén.

*Consejo:

Este puré, en caso de que cambie de idea o prefiera aprovecharlo de otra manera, puede guardarlo para el día siguiente haciendo pequeñas esferas, prepare un caramelo, coloque las esferas sobre una fuente ligeramente untada en aceite y báñelas con el caramelo. Obtendrá un exquisito postre: bolas de boniato acarameladas.

Papas Pajas
o Boniatos
Bajo Frita Cubana

Elaboración:

Pele las papas o el boniato, lamínelo lo más fino posible, y después corte las láminas a todo lo largo como del grosor de un fósforo, fría en aceite caliente, remueva a discreción, pero constantemente, hasta que dore de modo homogéneo, escurra y reserve. Prepare un picadillo con el cerdo y chorizo juntos, ponga la mezcla en un bol y

Ingredientes:

- 100 gr de papa o boniato
- 1 huevo
- 60 gr de chorizo
- 60 gr de cerdo entreverado
- 1 gr de sal
- 1 cucharada de aceite
- 2 gr de pimentón dulce
- 1 pan buns (suave)
- 10 gr de cebolla

Consejo:

En caso de no contar con chorizo puede sustituir con jamón especial para meriendas. Si le sobrasen papas pajas no las bote, guárdelas en una bolsa de papel o nailon y nunca se pondrán zocatas.

...dicione el pimentón y el huevo, rectifique de sal, conforme unas hamburguesas que no excedan de 2 pulgadas de diámetro y con un espesor o altura de 8 a 10 cm aproximadamente, en una sartén con aceite bien fina cocine has-ta que estén las hamburguesas, abra el pan, introdúzcale las papitas pajas, las hamburguesas (frita cuba-na) y las cebollas cortadas en anillas, y listo.

Papas Asadas en su Piel con ají, cebollas y ajonjolí

Ingredientes:

250 gr de papas medianas o pequeñas
4 dientes de ajo
1 cebolla pequeña
2 gr de ajonjolí sin tostar pequeña
1 cucharada de aceite
¼ mazo de perejil
4 gr de sal
1 gr de pimienta

Escoja las papas que no tengan protuberancias, cuya piel esté lisa y sana; las preferibles para esta receta son las llamadas de semilla, de no tenerlas, no importa, las cortamos en rebanadas pequeñas, conservando siempre su piel.

Elaboración: su piel.

Consejo:

Si en casa tiene al-
gún pedacito de que-
so, corte las papas al
medio, espolvoréelo y póngalas 2
min más al horno, así quedan
aún más exquisitas.

En una placa de
horno o bandeja de
cocina ponga las papas y
embadúrnelas con aceite, ponga los ajos lige-
ramente martillados, lave la cebolla y córtela también con su piel
en forma de gajos, suelte el pequeño mazo de perejil sobre todas
ellas y espolvoree el ajonjolí, termine añadiendo sal abundante y
pimienta, ponga el horno a 170 grados, y cuando esté caliente introduzca la bandeja, hornee por espacio de 16 min. Sirve para
acompañar cualquier plato o elaboración caliente de la cocina.

63

Elaboración:

Cocine los plátanos con su cáscara por 15 min en agua hirviendo, solo retire las puntas y hágales una incisión a lo largo

Ingredientes:

300 gr de plátanos vianda (entre verdes y pintones)
80 gr de chicharrón y empella de puerco
4 dientes de ajo
2 ajíes cachucha
1 y ½ cucharada de aceite
2 gr de sal

Consejo:

Si desea lograr tayugos de plátano, aligere el puré después de plátano logrado con la misma agua de cocción, elabore paquetes iguales a los de tamales en hoja, introduzca la mezcla en el interior y tápelos, cocínelos en el agua restante, después que vuelva a hervir por espacio de 10 min.

por la superficie para que después de cocidos sea más fácil retirar la cáscara, mientras, en una sartén con el aceite, rehogue a fuego lento los ajos triturados y el cachucha trinchado, déjelo trabajar por 2 min. A continuación, con los chicharrones bien crujientes, tritúrelos con un rodillo sobre un paño de algodón bien limpio y trinche finamente las empellas, agregue todo a la sartén y retire del fuego, haga un puré con los plátanos ya blandos y vaya incorporando el rehogo del sartén logrando una mezcla lo más homogénea posible mientras que le adiciona la sal. Servir bien caliente como entrante o primer plato, también como acompañante de ave, res o cerdo.

Puré de Plátanos
con triturado de chicharrones de cerdo y ajos fritos

65

Elaboración:

Lave y pele las papas, rebánelas con un grosor de 2 a 3 mm aproximadamente, en una cacerola o cazuela de fondo ancho y borde alto; ponga la leche, puntee de sal, coloque a fuego mediano y remueva. Por otra parte, ralle la nuez moscada y disponga de un molde mediano o pequeño, embadúrnelo con mantequilla en todo su interior y resérvelo al fuego mediano para que no se pegue al fondo.

El recipiente debe ser aproximado para que cuando ponga la preparación cubra una altura de 1 y 1/2 pulgadas aproximadamente, continúe la cocción de la papa en la leche hasta que comience a secar, de modo tal que la papa sobresalga ligeramente sobre la leche, cerciorarse de que la papa se haya ablandado, pero no al punto de que se pase, agregue las hojas de espinacas en la base del molde reservado, adicione parte de la papa

66

Pastel de Papas, Espinacas y Queso

cocida en leche
y repita con
las hojas de
acelga,
termine
con otra
capa de
papas, añada el
queso vallado por
encima y póngalo
al horno bien ca-
liente, buscando que
gratine y dore, pasados
2 min, sáquelo y deje
que se refres-
que para poder
porcionarlo y
servirlo.

Ingredientes:

200 gr de papas
60 gr de queso
2 ramitas de espinacas
1 tz de leche entera
2 cucharadas de
mantequilla
2 gr de sal
1 gr de nuez moscada
vallada

Tiempo de
ejecución:
15 min
Complejidad:
Media

Consejo!

De
no tener
leche entera, puede utilizar 2 cucharadas colmadas de leche en polvo y di-
solverlas en 2 tz de agua tibia junto con
la mantequilla restante.

67

Zanahorias Dulces Mojadas en Mojo Cocido

200 gr de zanahoria
1 naranja agria
2 dientes de ajo
1 cucharada de aceite
60 gr de azúcar
2 gr de sal

Tiempo de ejecución:
15 min
Complejidad:
Baja

68

Elaboración:

Lave y pele las zanahorias, córtelas en forma irregular o como guste, si le parece déjelas enteras, cuézalas en agua hirviendo por espacio de 15 min. Mientras, en una sartén coloque el aceite a fuego medio, el zumo de naranja y el ajo triturado con una pizca de sal, haga hervir ligeramente y baje el fuego. Manténgalo sin llegar a la ebullición. Escurra las zanahorias y espolvoréelas con azúcar estando bien calientes, con ayuda de un tenedor páselas directamente por encima de las llamas dorándolas un poco, sírvalas y póngales por encima el mojo a su gusto

Consejo:

Esta preparación puede aplicárseles al boniato, la berenjena o la cebolla entera.

Ingredientes:

- 200 gr de malanga
- 2 dientes de ajo
- 1 huevo
- 100 gr de harina
- 3 gr de sal
- Aceite para freír
- ½ tz de agua

Elaboración:

Pele y lave la malanga, rállela bien fina junto con el ajo pelado, en un bol mezcle el huevo y una cucharada de aceite junto con la harina y la sal, caliente el agua a punto de ebullición, y agréguela a la mezcla, remueva todo enérgicamente hasta lograr una masa compacta; la textura debe ser firme; tenga a mano una manga de dulcería con boquilla rizada, o en su defecto, una bolsa de nailon grueso. Córtele una de las puntas del fondo, introduzca la mezcla y presione sobre abundante aceite caliente, tenga mucho cuidado cuando deje caer bastoncitos de esta masa, fríalos hasta que se doren.

Consejo:

Si desea los churros tradicionales de harina y azúcar, tenga una cantidad de harina de trigo y el mismo volumen de agua con sal al gusto y unas gotas de vainilla o canela, ponga el agua a fuego vivo, y cuando hierva agregue la harina, mezcle bien y deje refrescar para pasar por la manga y freír de igual manera que la anterior. Espolvoree azúcar al gusto.

Churros
Salados
de Malanga
o de Yuca

Tiempo de
ejecución:
10 min
Complejidad:
Baja

Tortilla de Viandas y Vegetales

Ingredientes:

6 huevos
1 cebolla mediana
100 gr de papa
2 ajíes pequeños
1 hoja de acelga
2 gr de sal
2 cucharadas de aceite

Elaboración:

Bata de 2 en 2 los huevos y vaya incorporándolos en un bol, corte las cebollas en aros finos, y la papa, pelada y laminada a no más de 1 cm de grosor, hiérvalas o fríalas, corte finamente el ají y la acelga e incorpórelos al batido de los huevos punteándolo de sal, coloque una sartén al fuego vivo con el aceite, cuando comience a humear adicione la mezcla de huevo, y a continuación ponga a fuego lento y tápelo, revise a los 4 min.. Cuando se haya cuajado, voltéela sobre el plato y coloque la otra cara de nuevo contra la sartén, tape y cueza por el resto del tiempo. Espere refrescar para cortarla y servirla.

*Consejo:

No bata excesivamente los huevos, esto hace que la tortilla se pegue más a la sartén, utilice preferiblemente una de paredes gruesas.

Cómo curar una sartén, ponga 1 cucharada de aceite a quemar sobre su superficie. Bote el aceite quemado y habrá logrado una sartén curada.

Tiempo de ejecución:
15 min
Complejidad:
Media

73

Caliente Papas y a tres cubiertas

Ensalada de Huevos

2 huevos
300 gr de papas
2 cucharadas de mayonesa
3 ramitas de perejil
½ cucharada de tomate
½ cucharada de cebolla
½ cucharada de miel
1 gr de sal

Tiempo de ejecución:
12 min
Complejidad:
Baja

Elaboración:

Hervir los huevos por espacio de 10 minutos, refrescar y despojar de la cáscara, pelar y cocer las papas sin cortar con sal, después de cocidas, picarlas de la forma que prefiera y resérvelas, cortar los huevos longitudinalmente, extraer las yemas con cuidado de no romper las claras, poner las yemas por separado: unas mézclelas con perejil bien trinchado, y las otras con la pasta de tomate, suavizando las texturas con un poco de mayonesa, rellene nuevamente las mitades de los huevos con una y otra farsa de yema. En una sartén ponga la miel al fuego, cuando comience a espumar agregue la cebolla y déjela reducir por solo 5 segundos, escurra y acompañe las papas y los huevos, termine goteando todo con mayonesa.

- -

* Consejo:

Si la papa hervida no es un producto de su agrado, úsela frita y reproduzca la preparación. Quedaría igual de exquisita si prescindiéramos de ella y los acompañáramos con tostadas de pan. Si teme que a la hora de cocer los vegetales estos se le pasen, ponga un chorrito de vinagre al agua de cocción y obtendrá vegetales firmes al tacto y blandos en su interior.

Guacamole Cubano
con chips de calabaza y reducción de malta

Ingredientes:

aguacate mediano maduro
3 ajíes cachucha
1 cebolla mediana
3 dientes de ajo
1 limón
2 hojas de cilantro
o culantro
1 tomate natural
1/4 tz de malta
1/4 tz de calabaza
laminada fina
1 gr de pimienta
2 gr de sal

Consejo:

El aguacate puede estar muy pasado o maduro, y queda mucho mejor, claro, siempre que no tenga partes en mal estado. La sal siempre a su gusto.

Elaboración: Extraer la masa del aguacate maduro y colocarla en un bol de cristal o acero níquel, trinchar muy finamente el culantro o cilantro, el ají, el ajo, el tomate, la cebolla, y mezclar todo con ayuda de un tenedor, de tal manera que toda la mezcla se integre. Sin dejar pasar demasiado tiempo agregue el zumo de limón con mucho cuidado de que no caigan semillas, tueste las láminas de calabaza en una sartén. Aparte, en una cazuela a fuego medio, ponga a reducir la malta hasta que adquiera la textura de sirope, tenga a mano una tostada de pan y unte el guacamole, que es la mezcla que reservó al frío, bañe con hilos de reducción de malta, y sin duda estará degustando algo muy especial que puede convertir lo mismo en tapas, meriendas o entrantes.

Tiempo de ejecución:
5 min
Complejidad:
Baja

4. PESCADOS Y MARISCOS

Cuba, isla larga y estrecha rodeada por el mar de las Antillas, hoy día, increíble pero cierto, solo come pescado "quien se moje...". Posee más de 400 especies marinas comestibles y conocemos pocas: el cobo, el erizo, el pepino de mar, por solo citar tres, de estas el cubano medio ni se imagina cómo prepararlas para ser comidas, por eso en este libro hablaremos acerca de las que —un día más que otro— consumimos.

El pescado puede ser diferenciado en dos grandes grupos en cuanto a la intensidad de sus sabores, su contenido graso y su textura, en peces de masa blanca u oscura. Los blancos, como el pargo, la cherna, la rabirrubia, el caballerote, el perro y otros, son de fácil modificación de sabores, con una textura más blanda, y soportan menos cocción por ser más jugosos y tener menos contenido de grasa; los oscuros, como el castero, el maira, la aguja, el jurel, el atún o tuna, son de sabor más fuerte, y por su alto contenido graso, excelentes para lograr crudos y escabeches al poseer una textura más firme.

Los mariscos son especiales por su sabor y frescor en estos mares de por acá, el camarón marino ofrece un exquisito e inmejorable sabor, son dóciles a cualquier cocción, la langosta tiene justamente ganado el ser llamada la mejor de todas las latitudes (al menos así lo creo), cuentan quienes nos visitan que es obra de dioses el modo en que la sirven nuestros cocineros, obedeciendo a gustos tanto más sibaritas como menos exigentes, es el producto rey de nuestros arrecifes. Resulta inexplicable, por otra parte, que falten en nuestra mesa otros regalos del mar como el pulpo, con posibilidades ilimitadas de sabor y combinación creativa, o el calamar, intenso y sabroso, que al ser mezclado con nuestra sazón es reconocido por muchos como un manjar exótico e innovador.

Minuta Frita de Rabirrubia con salsa soya y jengibre

*Consejo:

El ajo debe quedar bien sujeto al interior de los filetillos y estos bien cubiertos de harina, de tal manera quedarán expuestos a la fritura y se evitará el amargor por haberse pasado su cocción.

Ingredientes:

Pescado
(entre 1 y 1½ lb aprox.)
1 ramita de perejil
4 gr de sal
1 limón
3 dientes de ajo
25 gr de jengibre
2 cucharadas de salsa soya
½ tz de harina
1 taza de aceite

80

Elaboración:

Con un pescado que promedie el peso señalado en los ingredientes, escamar y eviscerar, entre la cabeza y el lomo trazar un corte hasta el final de la ventrecha eliminando las espinas de esta parte, quedando los filetillos unidos por la cola en su propia piel, añadir limón, una pizca de sal, y con el ajo ya martillado embadurnar su interior, de igual manera el perejil y el jengibre, secar en harina y freír en abundante aceite, poner a calentar en una sartén la salsa soya y

el jengibre, escurrir las minutas de las frituras y servirlas mojadas en esta salsa.

bonitos de Pescado
Asados con l'icxado de tomate y albahaca

Ingredientes:

1 pescado entero
de 1 a 3 lb aprox.
1 ramita de albahaca
2 tomates naturales
1 limón
4 gr de sal
1 gr de pimienta
3 cucharadas de aceite

Eviscerar y escamar, cortar de forma transversal, desechando la cabeza, a todo lo largo, deben salir entre 2 a 4 piezas, impregnarlas de albahaca bien trinchada, dejar reposar por 5 min. Agregar la pimienta y pelar los tomates bien maduros, picarlos o aplastarlos. En una sartén poner el aceite a fuego vivo, añadir las ruedas hasta que se doren por ambas caras, acto seguido agregar el tomate triturado, puntear nuevamente de sal, manteniendo el fuego alto hasta que seque ligeramente el tomate removiendo la sartén a intervalos y con cuidado, estará bien caliente. Especial para acompañar con arroz blanco.

*Consejo:

Para poder pelar los tomates de una manera muy fácil, se sumergen en agua hirviendo por 10 seg. Con un corte superficial en cualquier parte del tomate, sacarlo, refrescar bajo agua del grifo, la piel se retirará casi sola con ayuda de las yemas de los dedos.

Tiempo de ejecución:
15 min
Complejidad:
Media

Ingredientes:

200 gr de camarones
30 gr de cebolla
3 dientes de ajo
50 gr de ají

1 cucharada de aceite
3 gr de sal
1 gr de pimentón dulce
1/4 de taza de agua

Camarones Rehogados

Elaboración:

Tener los camarones pelados, cortar la cebolla y el ají en jardinera mediana, es decir, en dados, martillar los dientes de ajo. En una sartén poner el aceite a calentar, agregar los camarones con sal y pimienta al gusto, adicionar la cebolla, el ají y el ajo, respetando este orden de adición, remover todo, continuar con pimentón espolvoreado y terminar con adición del agua, dejar trabajar por 2 min a fuego vivo y servir.

* Consejo: Si quiere lograr un sabor más pronunciado, utilice un recipiente de barro esmaltado directo a las llamas y cocine así esta preparación, los sabores cambiarán y se intensificarán grandemente, intente hacer esto con otros rehogados, siempre y cuando el barro esté preparado para soportar altas temperaturas.

Con Cebolla, Ajo y Ajíes

Elaboración:

En una sartén colocar el aceite y calentar, cortar las cebollas con sus retoños verticalmente, sin piel, pero manteniendo sus raíces.

Agregar a la sartén los camarones con sal y pimienta al gusto, continuar con la cebolla retoñada, espolvorear el pimentón y seguir con la adición de la pasta de tomate, remover todo hasta que dore ligeramente, agregar el agua y dejar cocer por 1 min, todo a fuego vivo, hasta que la salsa resultante espese un poco, servir bien caliente, rociando las cucharadas de ron y acto seguido enciéndalo con ayuda de un palillo o fósforo encendido.

Ingredientes:

- 200 gr de camarones limpios y pelados
- 100 gr de cebolla retoñada
- 1 cucharada de pasta de tomate
- 2 gr de pimentón dulce
- 3 gr de sal
- 1 gr de pimienta
- 1 cucharada de aceite
- ¼ taza de agua
- 2 cucharadas de ron blanco

*Consejo:

¿Cómo lograr que retoñe la cebolla? Generalmente, cuando la cebolla es almacenada por más de una semana en un medio fresco y refrigerado retoña por sí sola, si no la puede encontrar en los agros, en casa lo puede lograr de la siguiente manera: humedezca una hoja de papel, envuelva la cebolla entera y con raíz, solamente enjuagada, sin escurrir, y póngala en la parte inferior del refrigerador por 10 días: obtendrá cebollas retoñadas y una dimensión de sabor diferente.

Camarones Enchilados y Flameados con retoños de cebolla y pimentón dulce

Cangrejo Enchilado y Flameado al Ron

con puerro, ajo y tomate natural

* Consejo:

En caso de que adquiera el cangrejo con sus muelas o entero, trate siempre de que esté vivo, en caso contrario, que sea congelado, después de cocerlo durante el tiempo que indica la receta, escurra y martille con cuidado la osamenta, fracturándola para extraer sus masas, extreme el cuidado para que no se vaya ningún pedazo de carapacho del cangrejo.

Ingredientes:

200 gr de cangrejo en masas
o 1 kilo de muelas de cangrejo
1 tacita de ron añejo blanco
½ mz de puerro o cebollino
(ajo de montaña)
4 dientes de ajo
1 tomate natural maduro
1 limón
1 cucharada de aceite
3 gr de sal

Elaboración:

En caso de que tenga el cangrejo en muelas, hiérvalo por espacio de 15 minutos. De no ser así, parta de las masas cocidas y limpias. Disponga de un cazuela semihonda, poner el aceite a fuego medio, tener el puerro, el tomate, el ajo bien triturados, cuando el aceite esté humeando agregar el cangrejo, y seguido el resto de los ingredientes, excepto el ron y el limón, remover y dejar que recupere la temperatura más caliente, subir el fuego y separar por un momento la sartén de las llamas, adicionar el ron y abocar el borde de la cazuela al fuego para que flamee, terminar punteando con sal y zumo de limón.

Nota: si desea lograr un ambiente elegante y sorprendente puede, después de servido, calentar en un vaso la misma cantidad de ron, rociarlo por encima de la preparación después de servida y encenderlo con un palillo prendido. Apague la luz y sorprenda al comensal.

Elaboración:

Enjuague, limpie y
ponga a cocer el pulpo
en agua hirviendo
con un peda-
cito de cobre o
monedita anti-
gua (en el pulpo,
el cobre estabiliza
los sabores y ayu-
da al ablandamiento),
por espacio de 2
hrs manténgalo
en fuego cons-
tante, en caso
de que no haya
tenido congelación ante-
rior, cuando ya esté de color
blanco, porcione los tentáculos
en tramos de media pulga-
da aproximadamente, corte la
cebolla, el ajo y el ají de
igual forma, rebane las
papas con piel y cuézalas
en el mismo líquido de la
preparación.

En una sartén ponga las pa-
pas rebanadas ya cocidas con una cucharada de aceite, en el
tiempo en que se doran, adicione el pulpo ya blando y el
resto de los ingredientes, rehogue, agregue el resto de
los ingredientes y termine con la paprika.

Ingredientes:

460 gr de pulpo
100 gr de cebolla
4 dientes de ajo
50 gr de ají
2 gr de paprika
(pimentón dulce)
150 gr de papa
natural
1 cucharada
de aceite
3 gr
de sal

Tiempo de
ejecución:
50 min
Complejidad:
Alta

*Consejo:

El pulpo es un delicioso fruto del mar,
pero para ablandar su textura de manera
eficiente le recomiendo, después de saca-
do de su hábitat natural, congelarlo bien y
ponerlo a cocer solo en agua hirviendo por
espacio de 45 min. Esto reducirá el tiempo de exposición del pulpo al fuego y optimizará el suyo, evitando
además los innecesarios palos que
le dan los pescadores para ablan-
darlo, como aún suele estilarse.

91

Ingredientes:

½ tz caldo de pescado
230 a 280 gr
de cola de langosta
(igual a una cola mediana)
100 gr de cebolla
100 gr de mantequilla
50 gr de harina

1 gr de nuez moscada
100 gr de piña
1 ramita de perejil
1 limón
30 gr de queso amarillo
2 gr de sal
1 gr de pimienta

Tiempo de
ejecución:
15 min
Complejidad:
Baja

La nuez moscada da un aroma **bien** peculiar. Está creciendo la costumbre de, cuando se tiene, usarla en cualquier salsa o platillo, si le parece bien siga el consejo y póngale así una pizquita de magia a lo que cocina.

* Consejo:

Anillas de Langosta

Elaboración:

Derretir a fuego bien lento 50 gr de mantequilla, e ir adicionando poco a poco la harina sin dejar de remover de manera enérgica para obtener una mezcla homogénea evitando que se hagan grumos, continuar la ralladura de nuez moscada y posteriormente utilizar el caldo, dosificándolo en su adición hasta lograr una crema densa y lisa. En otra sartén poner el resto de la mantequilla, tener porcionada la langosta en anillas, salpimentarla y comenzar a dorarla, después de volteadas agregar el zumo de limón sobre las piezas, adicionar la piña cortada en dados y sin piel hasta que doren, cuando hayan pasado 3 min de cocción añadir la crema densa, cocer por espacio de 2 minutos más y terminar con la adición del perejil y la cebolla. En una plancha o sartén sin aceite y a fuego medio poner una lámina de queso hasta tostarla ligeramente, servir la langosta bañada en la salsa con las piñas y decorar con el crocante de queso.

con piña, cebolla y crocante de queso

Latica de Atún con Tomates, Cebollas y Mayonesa

Ingredientes:

1 lata de atún de 170 gr
30 gr de cebolla
2 ramitas de perejil
½ tomate natural
1 cucharada de mayonesa
1 gr de pimienta blanca en grano

Disponga de la lata y ábrala con el instrumento idóneo para estos menesteres (es importante la terminación del corte con el abridor para evitar peligrosas rebarbas de metal), en un bol ponga el lomo de atún escurrido y conserve la lata, mezcle con la cebolla cortada en media luna fina, corte el tomate en gajitos, utilice una de las ramitas de perejil, pártala con los dedos y mezcle bien

todo, ponga de nuevo el resultado obtenido dentro de la latica y acompañe con tostadas o galletas.

* Consejo:

Esta preparación es muy práctica para su consumo, si su mezcla resulta bien homogénea obtendrá una pasta exquisita para untar, y si conserva los lomitos de atún superpuestos con los demás ingredientes logrará un espectacular entrante.

95

Ingredientes:

230 a 280 gr cola de langosta
(igual a una cola mediana)
2 cubitos de sofrito
(según página 42)
1 limón
3 gr de sal
1 cucharada de aceite
200 gr de vegetales mixtos carnosos

> Tiempo de
> ejecución:
> **15 min**
> Complejidad:
> **Media**

Elaboración:

En una parrilla al carbón, a fuego moderado, colocar la langosta abierta transversalmente por su carapacho con ayuda de una tijera o cuchillo, de modo que las masas queden abiertas por cortes en formas de mariposa o de libro, salpimentar, embadurnar en aceite y poner sobre las llamas, rociar con el zumo de limón por ambas caras, cuando haya volteado la langosta colocarle encima los cubitos de sofrito congelados, dejándolos derretir sobre la pieza. Los vegetales, siempre que sean carnosos, lávelos, pélelos y córtelos a media pulgada aproximadamente, humedézcalos también con el aceite y salpimente, expóngalo al carbón durante 20 minutos. Ejemplo de vegetales a utilizar (cebolla, ají, ajo, tomate, calabaza, berenjena, pepino, tallos de acelga, col, zanahoria, etc.)

Langosta al Carbón
con Cubitos de Sofrito, Sobre Coditos

* Consejo:

En caso de que le sobre parte de estos vegetales al carbón o desee utilizarlos otro día, póngalos en el frío, el sabor a carbón se acentuará con solo calentar posteriormente, los sentirá como si estuviesen frescos, pero si pasara demasiado tiempo úselos para hacer un caldo y verá qué sopa más sabrosa.

Gelatina de Mar
(con langosta, camarón y pescado

Ingredientes:

1 paquete de gelatina cítrica
(naranja, limón o mandarina)
1 limón natural
2 gr de sal
1 gr de pimienta
½ cucharada de aceite
1 ramita de perejil
1 ramita de albahaca
30 gr de langosta
30 gr de camarón
50 gr de pescado

Elaboración:

Logre una gelatina según lo indica el paquete, mientras la deja refrescar, cueza por no más de 3 min en agua con sal, pimienta y un poco de zumo de limón, el pescado en dados, la langosta en rebanadas y el camarón entero. Ya refrescada la gelatina, incorpórela a moldes pequeños o medianos, coloque en el interior con intención decorativa los pedacitos de frutos marinos, terminando con la inserción de las hojitas de albahaca y perejil, dejar enfriar hasta que endurezca la gelatina, servir como un entrante salado.

*Consejo:

La gelatina es un producto muy
nutritivo que hemos encasillado en
los postres, les propongo cambiar de ru-
tina, acompáñela con vegetales, frutas o embutidos, mezcle con gelatinas de otros sabores,
atrévase con el buen gusto que debe acompañarla
y verá.

Ingredientes:

150 gr de calamares previamente congelados
1 cucharada de mayonesa
1 cucharada de zumo de limón
100 gr de harina
1 huevo
2 ramitas de perejil
½ taza de agua gaseada
4 dientes de ajo
3 gr de sal
1 gr de pimienta
1 taza de aceite
100 gr de vegetales mixtos de estación

Tiempo de ejecución:
10 min
Complejidad:
Media

Elaboración:

Cortar el calamar en anillas y reservar los tentáculos, en un bol, adicionar la harina, el huevo, el perejil bien trinchado, el agua gaseada, al igual que una pizca de sal, mezclar todo. El agua gaseada será el medio extensor y de textura, es decir, según la cantidad de agua que agregue logrará o no la densidad de la pasta para mojar los calamares y freírlos.

Con el resto de la harina, secar las anillas y los tentáculos que previamente habrá salpimentado y mojado en zumo de limón, poner a calentar el aceite y pasar las anillas por la pasta para freír, hundiéndolas y después poniéndolas envueltas en el aceite caliente hasta que se doren, remueva, escurra, y sirva acompañado con los vegetales, la mayonesa y el ajo laminado.

* Consejo:

Si desea consumir y degustar el calamar grillado o a sartén y teme que las carnes se pongan tensas o duras, colóquelo entero en leche con 2 horas de antelación, y cuando se ponga al fuego directo ablanda- rá instantáneamente (no olvide escurrir bien la leche antes de saltear o grillar).

Calamares en Rebozado Aromático

5. CARNES

Para el cubano, carne es sinónimo de proteína, pero conviene aclarar que no solo son las carnes las aportadoras de este elemento básico para la vida humana, pues también la hallamos en los vegetales y las leguminosas.

En los primeros años de la colonización, cuando el poco oro que teníamos en nuestros ríos y suelo fue saqueado y extinguido por los españoles, la ganadería mayor cobró auge con la res, última expresión de la avanzada colonizadora, y la Isla quedó como una especie de retaguardia de la Conquista, que fijaba sus estrategias en Mesoamérica. Entonces se dedicaron grandes extensiones de tierras para la ganadería, sobre todo en la región del Camagüey, donde la res se masificó. Hacia otras regiones se extendió la producción de aves de corral y también de la ganadería menor; años después se generalizó entre productores independientes de fincas e ingenios, todos con el mismo objetivo: la alimentación social o doméstica. De ahí heredamos sabrosos guisos y asados, de la Cuba colonial, donde surgen platos a base de los más exquisitos ingredientes. Hablemos primero del cerdo, animal resistente, de constitución musculosa y grasa según la raza de que se trate, con sabor que está en dependencia de su alimentación y método de crianza. En menor medida, pero no menos importante, mencionaremos el carnero, el conejo, el pato, la gallina, el pollo. En este capítulo les propondré alguna que otra forma de preparar estas carnes que, les aseguro, resultarán exquisitas y fáciles. Lo primero que debemos tener en cuenta es el tiempo con que contamos para dedicarle a este importante rincón de la casa: la cocina, ¿cómo lo optimizamos?

No adobe sus carnes de antemano, nunca les ponga ácido en reposo como adobo o en las cocciones desde el primer momento, solo cuando esté bien avanzada la cocedura, de otra forma se endurece de manera drástica la textura del producto. La naranja agria es la única excepción de esta regla, la puede uti-

lizar en cualquier momento o paso de la receta, solo disponga de los ingredientes in situ, límpielos y córtelos lo menos posible, siga estas recomendaciones y vera qué pronto termina con el plato que más dolores de cabeza nos da.

A modo de recomendación especial quiero mencionar en este capítulo el reposo de las carnes como algo importante relacionado con su sabor y la textura a la hora de cocinarlas, esto funciona para todas las carnes: es de vital importancia refrigerarlas por lo menos dos horas después del sacrificio, con este detalle logramos que el manjar nos sepa mucho mejor, y de esa manera podremos disfrutar de sabores y olores más exquisitos, ya que las carnes, después de ser refrigeradas por corto tiempo, se suavizan de forma óptima para ser posteriormente cocidas. Sin más, vayamos a la cocina.

Escalopes de Cerdo Entomatados y encebollados con vino seco

Ingredientes:

- 230 gr de masa de cerdo magra
- 1 tomate maduro mediano
- 1 cebolla pequeña
- 2 cucharadas de vino seco
- 2 gr de sal
- 1 gr de pimienta
- 1 cucharada de aceite

Tiempo de ejecución: **10 min**

Complejidad: **Baja**

Elaboración:

Corte bien delgados los bistés, porcione los tomates en gajos y la cebolla en rebanadas finas, en una sartén ponga a calentar el aceite, salpimente la carne, y cuando humee la sartén agregue los escalopes (bistés); cuando la primera cara de los escalopes después de dorados, voltee en primer lugar la cebolla, espere 30 seg aproximadamente, y añada después los tomates. A continuación agregue el vino seco y cocine sin tapar. Obtendrá una salsa, rectifique la sal y pimienta, deje reducir por 30 seg más a fuego bien alto, y listo.

Consejo:

Este modo de elaboración puede aplicarse a diversos tipos de carnes, como res, pollo, pescado, etc., siempre que estén cortadas de manera fina o delgada, es una manera muy rápida, efectiva y sabrosa de cocinar las carnes.

Ingredientes:

230 gr de masa
de cerdo magra
½ tz de salsa soya
1 cucharada de
zumo de limón
4 dientes de ajo
30 gr de jengibre
4 cucharadas de harina
500 ml de aceite

Tiempo de
ejecución:
10 min
Complejidad:
Baja

Elaboración:

Corte el cerdo en da-
dos de aproximada-
mente ½ pulgada, re-
sérvelos, en un
bol poner la
salsa soya, el
zumo del limón, el
ajo cortado en láminas, el jengibre
pelado y bien trinchado, tres cucharadas de aceite y una pizca
de sal, tener precaución con esta
última, ya que la salsa soya
puede estar muy salada, de
ser así, prescindir de la sal.
Una vez colocados los in-

Masas de Cerdo Fritas
a lo japonés

Consejo:

Si quiere y le es factible, enriquezca la mezcla con 2 cucharadas de aceite de oliva y un chorrito de aceite de sésamo, de esta manera lo acentuará con un sabor más clásico u oriental. Este proceder es aplicable a carnes como la de res, el pollo, y en pescados como el atún, el castero u otro de masa oscura.

...gredientes en el bol colocamos las masas de cerdo y las dejamos reposar por espacio de 5 minutos aproximadamente, ponemos el aceite restante a calentar y escurrimos de la marinada (adobo) las masas, secamos o espolvoreamos las porciones por separado en la harina, y de inmediato las ponemos a freír hasta que se doren, seguidamente las sacamos del aceite, las devolvemos a la marinada, esperamos 1 minuto y a servir.

Pollo al Curry con piña, acelga y cebollas

Tiempo de ejecución: **10 min**
Complejidad: **Baja**

Ingredientes:

460 gr de pollo
1/4 de piña
1/2 cucharada de polvo curry
3 dientes de ajo
1/2 cebolla

1 cucharada de miel
1 hoja de acelga
3 gr de sal
1 cucharada de aceite

Elaboración:

Descongelar, retirar la piel y deshuesar el pollo, utilizar los huesos para preparar un caldo, y una vez hecho resérvelo, corte las masas en tiras o lonjas de aproximadamente 10 cm de ancho, pelar y cortar la piña en dados medianos, cortar, en rebanadas similares a la del pollo, la cebolla y la acelga, en un plato hondo o un bol colocar todos los vegetales junto con el pollo, espolvorear el curry dejándolo reposar por un instante, en una sartén calentar bien el aceite y agregar todo, puntear de sal y remover, agregar la miel y dejar dorar moderadamente, adicionar el caldo hasta cubrir al nivel de la superficie del pollo, poner a fuego medio y dejar trabajar cuando se haya consumido o reducido el caldo a punto de salsa densa, servir acompañado con vegetales o simplemente con arroz blanco.

Consejo:

El curry es una variada mezcla de especias y hierbas aromáticas, cuya combinación logra el sabor conocido como curry, con tonos complejos e interesantes. Como sugerencia puede agregarle frutos secos al residuo de la sartén y fondearlo, o removerlo con vegetales o arroz, así conseguirá un nivel espectacular de sabores.

Pollo Guisado Capitalino
con maíz

Ingredientes:

460 gr de pollo troceado
2 cucharadas de pasta de tomate
2 ramitas de albahaca
1 ají verde mediano
½ cebolla mediana
3 dientes de ajo
¼ mazorca de maíz
1 cucharada de aceite
½ tz de caldo de ave o de res
2 gr de sal
1 gr de pimienta

Tiempo de ejecución:
15 min
Complejidad:
Baja

Elaboración:

Corte en mitades muslo y contramuslo, ponga sal y pimienta. Le recomiendo siempre retire la piel pero si no le parece, disfrútelo, de todas formas de eso se trata. En una sartén ponga a calentar bien el aceite, introduzca las porciones de pollo y dore con intensidad, mientras, adelante cortando el ají, el ajo, la cebolla y el maíz según convenga o desee. En la sartén ya deben estar casi doradas las piezas, retire el exceso de grasa e introduzca todas las especias que tiene cortadas, poniendo la sartén a fuego medio agregue la pasta de tomate junto con el maíz, remueva todo volteando las porciones de pollo, deje cocer por unos segundos hasta que se comience a tostar, pero no a quemar, la superficie de la sartén, agregue el caldo y remueva todo, tape por 10 min. Pasado ese tiempo, destape y deje secar el exceso de líquido hasta obtener una salsa cuajada a fuego lento, sirva acompañada con alguna vianda frita o arroz blanco, como hacemos los capitalinos.

Consejo:

Créame, con solo sal y pimienta es suficiente, si desea obtener lo mejor del sabor del pollo póngale justo al punto sal y pimienta, lo mismo para ser frito o asado, en cualquiera de estas modalidades esos serán los ingredientes esenciales del pollo, después, si lo prefiere, póngales los de su gusto.

Ingredientes:

- 230 gr de picadillo de res
- 2 tomates maduros medianos
- 1 cebolla mediana
- 1 hoja de lechuga
- 1 limón
- 2 gr de sal
- 1 gr de pimienta
- 2 cucharadas de aceite
- 1 pan de masa suave (preferiblemente de medianoche)

Tiempo de ejecución: 10 min
Complejidad: Baja

Consejo:

Si cuenta con otro tipo de picadillo que no sea de res puede utilizar esta misma receta, solo le recomiendo que utilice en este caso ajo de forma abundante, para que sea este su sabor predominante.

Picadillo de Res a lo Don Pepe
con tomates y lechugas

Elaboración:

Descongele el picadillo, en una sartén, ponga 1 cucharada de aceite bien caliente, adicione el picadillo, puntee de sal y pimienta y remueva, continúe agregando la cebolla previamente cortada de

la forma que le parezca, siga removiendo enérgicamente manteniendo el fuego bien alto, obtenga el zumo de limón colado y agréguelo, baje el fuego y tape por 2 min. Rebane el tomate, destape el picadillo y colóquelo superficialmente en la preparación, abra el pan, y cuando hayan pasado 30 seg más de cocción a partir de que lo destapamos, móntelo en el pan con la hoja de lechuga, será un sabroso emparedado.

113

Hilachas de Res
con salsa de queso y aceitunas

114

Ingredientes:

- 2,5 lt de agua
- 460 gr de carne de res de segunda
- 4 gr de sal
- 2 gr de pimienta
- 1/2 tz de harina
- 2 cebollas medianas
- 100 gr de queso
- 10 aceitunas
- 2 cucharadas de aceite

Tiempo de ejecución:
45 min
Complejidad:
Media

Elaboración:

Corte la carne en tramos grandes, esto facilitará deshilachar después de cocida, ponga a hervir la carne a fuego vivo hasta que se ablande bien, cuando lo consiga reserve el caldo re-

sultante y comience a deshilachar los trozos de carne con la ayuda de dos tenedores, al terminar salpiméntela, por otra parte, corte la cebolla en anillas, mézclela con la carne deshilachada y espolvoree por encima con la harina, ralle el queso y resérvelo junto a las aceitunas, en una sartén muy caliente agregue el aceite, cuando humee agregue la carne en hilachas con toda la cebolla y la harina que espolvoreó, dore intensamente y agregue 6 cucharadas del caldo reservado, remueva, cuando este se haya reducido póngale el queso y las aceitunas, espere 10 seg. y sirva.

Solomillo de Res con Mostaza y uvas pasas

Ingredientes:

230 gr de filete de res
2 gr de sal
1 gr de pimienta
1 cebolla mediana

Tiempo de ejecución: 10 min

Complejidad: Baja

3 cucharadas de salsa
de mostaza
1 cucharada de aceite
1 cucharada de uvas
pasas
1 papa mediana

Elaboración:

Limpie el filete, porciónelo y salpiméntelo, corte la cebolla bien fina, de tal forma que parezca triturada, en una sartén a fuego lento ponga la mostaza junto con la cebolla, si la mezcla le pareciera muy densa dilúyala con al menos 1 cucharada de agua tibia, pele las papas y córtelas para freír, resérvelas en agua, ponga el solomillo (corte del filete a 200 gr aprox.) a la sartén con una película de aceite, y dórelo, cocinándolo hasta el término que usted desee, escurra las papas y fríalas, bañe cuidadosamente las papas con la mostaza en forma de pomada y coloque el solomillo sobre estas, rectifique la pimienta y termine adicionando las uvas pasas.

*Consejo:

Esta preparación la puede lograr de igual manera con filetillos de cerdo, pero en este caso debe cocerlos hasta el núcleo (bien cocido). Disfrútelo.

117

Filetillo de Cerdo
con espuma de aceite y ajo

Ingredientes:

230 gr de lomo
de cerdo
1 huevo
2 hojas de acelga
1 limón

6 dientes de ajo
½ tz de aceite
2 gr de sal
1 gr de pimienta
2 tomates maduros

Tiempo de
ejecución:
15 min
Complejidad:
Alta

* Consejo:

Es importante
aclarar que en pre-
paraciones como estas
el huevo tiene que ser
bien fresco, de no más
de 1 semana, en di-
cha preparación puede
prescindir de él si bate
el ajo junto con el aceite,
obtendrá de igual modo
una espuma estable y densa.

Elaboración:

Obtenga el fi-letillo de 200 gr del lomo de cerdo natural, póngale sal y pimienta, en una sartén a fuego medio con una película de aceite póngalo a co-cer tapado, virándolo pun-tualmente por cada una de las caras para que se dore. Por otra parte, en una batidora casque el huevo y adicione también los dientes de ajo, puntee de sal y bátalo, con el aceite restante se le irá agregan-do en forma de hilo fino al vaso de la batidora donde se encuentran el huevo y el ajo, se hará una mayone-sa con fuerte sabor a ajo, resérvela. Cuando tenga doradas casi todas las partes del filetillo póngale la acelga en forma de velo o pañue-lo, adiciónele limón y manténga-lo tapado por 5 min más. Corte el tomate en gajos y échelo a la sartén. Suba el fuego bien alto, cuando recién se comiencen a tos-tar los tomates apague, y cubra la preparación con la salsa reservada, sirva acompañado con la guarni-ción que desee.

119

Tiempo de
ejecución:
15 min
Complejidad:
Media

Combinado
de Tiras de Res
y Costillitas de
Cerdo Ahumadas
con Plátanos Maduros
Fritos.

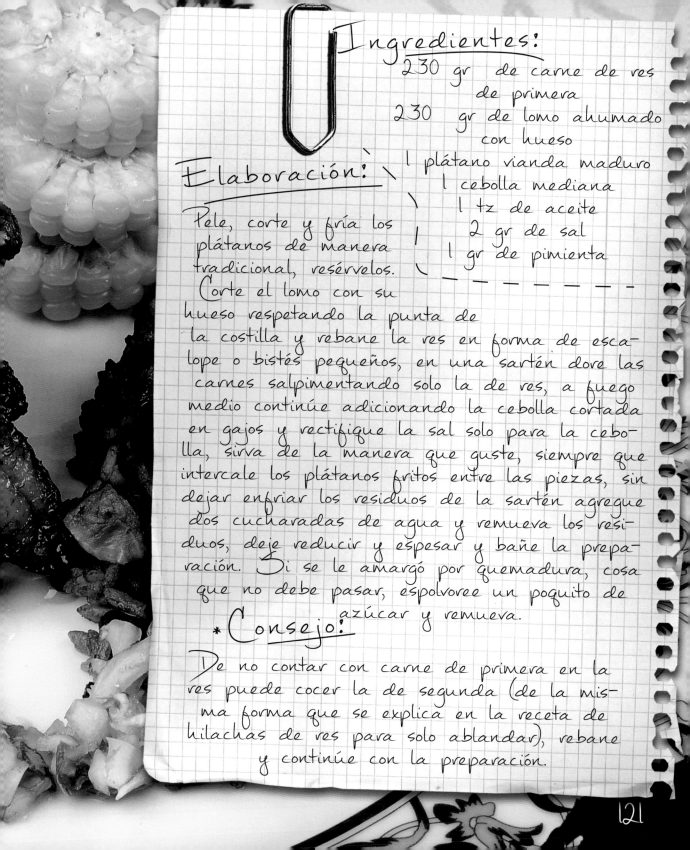

Ingredientes:

230 gr de carne de res de primera

230 gr de lomo ahumado con hueso

1 plátano vianda maduro

1 cebolla mediana

1 tz de aceite

2 gr de sal

1 gr de pimienta

Elaboración:

Pele, corte y fría los plátanos de manera tradicional, resérvelos.

Corte el lomo con su hueso respetando la punta de la costilla y rebane la res en forma de escalope o bistés pequeños, en una sartén dore las carnes salpimentando solo la de res, a fuego medio continúe adicionando la cebolla cortada en gajos y rectifique la sal solo para la cebolla, sirva de la manera que guste, siempre que intercale los plátanos fritos entre las piezas, sin dejar enfriar los residuos de la sartén agregue dos cucharadas de agua y remueva los residuos, deje reducir y espesar y bañe la preparación. Si se le amargó por quemadura, cosa que no debe pasar, espolvoree un poquito de azúcar y remueva.

* Consejo:

De no contar con carne de primera en la res puede cocer la de segunda (de la misma forma que se explica en la receta de hilachas de res para solo ablandar), rebane y continúe con la preparación.

Ingredientes:

- 115 gr de perritos o hot dogs
- ½ tz de col cortada en dados
- 5 tomates bien maduros medianos
- 3 ramitas de albahaca
- 1 pimiento verde
- 6 dientes de ajo
- 3 gr de sal
- 1 cebolla mediana
- 2 cucharadas de aceite
- ½ paquete de espaguetis
- 2,5 lt agua

Tiempo de ejecución: **10 min**
Complejidad: **Baja**

Elaboración:

Corte los perritos de la manera que guste y resérvelos, tome la cebolla y el tomate. Lave el ajo y el ají, retire la piel y despepite junto con la albahaca dejando solo las hojas y el aceite, póngalo en el vaso de una licuadora y bata todos estos ingredientes. En el agua punteada de sal con una cucharada de aceite ponga los espaguetis a cocer, solo cuando el agua haya roto a hervir agréguelos, remueva y espere 9 min sin tapar. Por otra parte, en una sartén ponga a dorar intensamente los perritos, vuelque sobre esta el licuado que reserva y déjelo cocer por 2 min. Retire del fuego y espere, pasado el tiempo de cocción de los espaguetis sáquelos y escúrralos, sírvalos como de costumbre y preséntelos con una ramita de albahaca.

Perritos al Fricasé de Vegetales y salsa de tomates sobre espaguetis

*Consejo:

Puede sustituir los perritos por cualquier otro embutido, siempre y cuando mantenga el mismo proceder con la salsa, de igual forma puede cambiar los espaguetis por otras pastas cortas o largas.

Ingredientes:

460 gr de conejo
2 gr de sal
1 gr de pimienta
50 gr de peter de chocolate
1 cucharada de miel
2 tz de caldo de ave o res
1 cucharada de almendras
laminadas tostadas
1 cebolla mediana
1 cucharada de aceite

Tiempo de ejecución: 45 min
Complejidad: Alta

Elaboración:

Salpimente el conejo limpio, tenga a mano el caldo bien caliente, adicione el conejo por espacio de 20 min. tapado hasta que se ablande y la carne adherida en los extremos de las patas comiencen a despegarse, saque del caldo de cocción y escurra, reserve el caldo y porcione el conejo, después de refrescar un poco entre las patas delanteras, la silla que es el centro o lomo y las patas traseras por separado unas de otras. En una sartén agregue una película de aceite, deje calentar y adicione las piezas de conejo, dórelas, continúe con la cebolla cortada en gajos, a continuación adicione hasta la mitad de las piezas el caldo y acto seguido el chocolate, disuelva a fuego medio y rectifique de sal y pimienta, agregue la miel, cuando la mezcla de todos los ingredientes junto al conejo hayan dado paso a una mezcla densa o salsa resultante espesa sirva y espolvoree la almendra tostada encima de la preparación.

Conejo al Chocolate con Almendras

*Consejo:

El chocolate es un producto que se funde de 36 a 40 grados Celsius. Cuando logre la adición del líquido, en este caso caldo, trate de bajar el fuego lo más que pueda, de lo contrario se quemará el chocolate. Este consejo le funcionará para trabajar cualquier plato a base de chocolate.

Ingredientes:

460 gr de carnero
1 lt de caldo de vegetales o res
2 cucharadas de miel
1 cebolla mediana
2 tomates maduros
2 cucharadas de harina
2 ramitas de romero
1 ramita de albahaca
1 tz de vino tinto (preferiblemente de mesa)
3 dientes de ajo
2 gr de sal
1 gr de pimienta
2 cucharadas de aceite

Tiempo de ejecución: **45 min**
Complejidad: **Alta**

Elaboración:

Deshuese el carnero obteniendo los 400 gr aproximadamente, salpiméntelo y seque en harina la
pieza, en una olla de presión ponga el aceite, ca-
liéntelo intensamente y agregue el carnero, procure
dorar todas las caras, adicione el tomate en la
olla triturándolo con las manos y remueva, continúe
con la adición de una ramita de romero, tape la
olla a fuego medio por 20 min. hasta que ablande, pasado este tiempo comprobar que esté bien
blando el carnero y escurrir del caldo, reservando
este en una sartén con la cebolla cortada, el ajo,
el romero, la albahaca y el resto del aceite, sofreír
junto al carnero rebanado, seguido adicionar la
miel y 1/4 de taza del caldo de cocción, rectificar
de sal y pimienta y terminar con la adición del
vino, dejar reducir hasta que espese la salsa, servir bien caliente.

* Consejo:

Generalmente nos venden los mazos de romero, albahaca, perejil u otra hierba aromática y no la utilizamos el mismo día, yo le recomiendo 2 formas de conservarla, la primera es poner los mazos en jarrones con agua y una aspirina a la sombra, esta la mantendrá fresca por varios días, la segunda es para un tiempo más prolongado, póngalas en una sartén o bandeja de horno a fuego muy lento hasta que estén ya bien tostadas y secas, estrújelas con las manos sobre un papel, haga un sobrecillo con esto y guárdelo en un pomo de cristal limpio y seco, tendrá especias para mucho tiempo.

Carnero al Vino Tinto en romero y albahaca

Ingredientes:

460 gr de pavo
1 hoja de laurel
4 naranjas dulces
2 gr de pimentón dulce
2 cucharadas de miel
2 cucharadas de mostaza
1 cebolla mediana
2 cucharadas de vino seco
2 cucharadas de aceite
1 hoja de orégano
de la tierra
2 gr de sal
1 gr de pimienta

Elaboración:

Utilice una de las naranjas para rebanarla, resérvela, al resto extráigale el jugo y consérvelo. Retire la piel y deshuese el pavo, rebánelo cortándolo en forma de bistecillos o escalopes, salpiméntelos, en una sartén con una película de aceite bien caliente, agregue las carnes, adicione la miel, que le ayudará a tomar un dorado más rápido,

Pavo en Naranja
con salsa de mi barbacoa

* Consejo:

Como en todas las aves, las pechugas son de mejor calidad que los muslos, y los muslos contienen más sabor propio que las pechugas, pero son estas las de más lenta cocción. Si su tiempo es breve, decídase entonces por las pechugas. El método es aplicable a todas las aves y sus correspondientes muslos.

seguido espolvoree el pimentón, agregue la mostaza, el vino seco y la cebolla cortada en gajos, por último coloque las rebanadas de naranja adicionando el zumo reservado, déjelo cocer por 5 min. Rectifique la sal y la pimienta. Listo.

Pato Empanado y Frito con maní y perejil

Ingredientes:

460 gr de pato
2 cucharadas de maní
1/4 mazo de perejil
2 gr de sal
1 gr de pimienta
1 huevo
1/2 tz de harina
1/2 tz de miga de pan
2 tz de aceite

Tiempo de ejecución: **30 min**
Complejidad: **Media**

* **Consejo:**

Este método de pre-
paración va muy bien
con el pollo, ejecútelo
de la misma manera.
Si lo desea, acom-
páñelo con kétchup o
salsa de tomate.

Elaboración:

Tueste y triture el maní en una batidora cuyo vaso esté bien seco en su interior, corte finamente el perejil, mezcle todo con la miga de pan y resérvelo, porcione el pato extrayéndole la piel y cortando los octavos a la mitad, salpimente y fríalo con lentitud en abundante aceite a temperatura media (blanchar) sin que se dore, escúrralo y séquelo en la harina, páselo por huevo batido y luego por el preparado de miga de pan, suba el fuego al aceite y agréguelo nuevamen-te hasta dorar, cuando las piezas floten y el color sea el deseado estará listo, recuerde que las piezas están preco-cidas, solo debe do-rar intensamente o al gusto.

131

Gallina Asada en Dos Tiempos

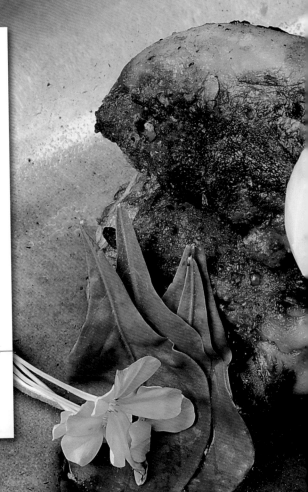

Tiempo de
ejecución:
1 hora
Complejidad:
Media

Ingredientes:

460 gr de gallina
230 gr de papa
50 gr de mantequilla
¼ tz de salsa soya
1 cebolla mediana
1 naranja agria
4 dientes de ajo
1 hoja de orégano
   de la tierra
¼ tz de vino seco
2 gr de sal
1 gr de pimienta
4 cucharadas
   de aceite

Elaboración:

Porcione la gallina en octavos y retíreles la piel, dórelos en una olla de presión salpimentando previamente con una película de aceite, agregue la cebolla y el vino seco con la misma cantidad de agua, rectifique la sal, tape y cueza hasta que coja presión, cuando esto suceda, déjela por 15 min. Pasado ese tiempo apártela del fuego y espere un rato a que pierda la presión, hasta aquí el primer tiempo. Lo que ha obtenido ha sido un caldo hecho con sus trozos de gallina. Comienzo el segundo tiempo, en la misma olla ponga las papas en rebanadas gruesas pero con piel, adicione la mantequilla, la salsa soya, la naranja, el ajo, el orégano y el aceite restante, póngalo al fuego nuevamente sin tapar hasta que todo el líquido se reduzca y logre una salsa ligera en su textura, sírvala en fuente o en un recipiente hondo.

* Consejo:

Se denomina en dos tiempos por la necesaria cocción que requiere esta carne para lograr su ablandamiento, pero si lo desea, solo con el segundo paso puede lograr similar preparación con pollo u otras aves.

6. POSTRES

El postre, o lo que también llamamos el dulce como cierre de la
comida, tiene una fortísima tradición con el consumo de azúcar de
caña que se acrisoló en nuestro paladar, desde la raspadura hasta
el "melao", sustancia azucarada, a veces empalagosa, pero permisi-
ble para nosotros, azucareros por excelencia, que no concebimos un
almuerzo o una cena merecida sin postre, gusto que nos viene de la
cocina peninsular, pero indiscutiblemente nuestra. Costumbre que
nos viene desde la Colonia, punto dulce que se nos adentró en la
sangre desde nuestros ancestros, quienes respiraban en casi toda
la Isla aromas de azúcar de caña, de guarapo, desde el más pobre
y explotado esclavo hasta el más poderoso de los hacendados crio-
llos, que comían la bien llamada raspadura, que así fue bautizado,
por los negros de los ingenios, el residuo creado por el paso de la
miel de caña que se sedimentaba y luego era raspada en los impara-
rables días de producción en los trapiches e ingenios mecánicos, y
que una vez separada de la maquinaria era consumida por quien la-
boraba para ganar mayor energía y poder cumplir con tan descomunal
faena.

Ingredientes:

Tiempo de ejecución:
45 min
Complejidad:
Media

115 gr de arroz
115 gr de azúcar
1 tz de leche entera
1 limón
40 gr de peter de chocolate
0,5 lt de agua
1 gr de sal

Elaboración:

Ponga a cocinar el arroz con solo el agua, después de cocido y abierto el grano agregue la leche y la pizca de sal, continúe la cocción a fuego moderado, retire la piel del limón, córtela en lonjitas finas e incorpórela en este momento al arroz, antes de secar completamente adicione el azúcar y remueva a fuego lento por solo 5 min. Bájelo del fuego, póngalo a refrescar y viértalo donde va a ser luego consumido. Triture el chocolate hasta lograr esquirlas, agréguéselo al postre cuando haya alcanzado la temperatura adecuada de forma envolvente para que se mantengan las chispitas del chocolate en el interior y enfríelo. ¡Que le aproveche!

* Consejo:

Nunca ponga el azúcar desde el inicio en la elaboración de este postre, al menos hasta que el arroz no esté sobrehidratado o sumamente abierto. Correrá el riesgo de que se caramelice y nunca se ablande el grano.

Arroz con Leche de Chocolate
y Chispas

Frapeado De Mango y Galletas Dulces con Queso Crema

Ingredientes:

Tiempo de
ejecución:
5 min
Complejidad:
Baja

1 mango maduro
1 ramita de hierbabuena
2 cucharadas de azúcar
1 limón
1 tz de hielo
4 galletas de vainilla
1 cucharada de queso crema
½ taza de agua

Elaboración:

Pele el mango, córtelo y deseche la semilla, congélelo. Caliente 2 cucharadas de azúcar y logre un caramelo, sin dejar enfriar y con el agua bien caliente viértala sobre el caramelo, logrará un sirope, acto seguido agregue el zumo de medio limón y póngalo a refrescar. En una batidora ponga las masas del mango congeladas, ½ taza de agua fría y una taza de hielo, el azúcar restante y el zumo de la otra mitad del limón, bata a la velocidad más alta de la batidora hasta que logre una mezcla frapeada, tome las galletas, úntelas con queso crema y tape con otra de tal forma que parezca un sándwich. En una copa ponga el sirope, encima el frapeado de mango, y acompañe con las galletas montaditas de queso crema.

*Consejo:

Esta preparación, en dependencia de la etapa del año, puede suplantarse por cualquier fruta de composición carnosa, por ejemplo, guayaba, mamey, piña, etc.

Pie de Fanguito y Crema de Limón con Merenguito Quemado

← (leche condensada cocida)

Elaboración:

Ponga la leche condensada en baño de María en la olla de presión por 45 min sin válvula. En un bol vierta una taza de harina, y haga como una especie de volcán, en el interior ponga la mantequilla derretida o a punto de pomada, 1 pizca de sal, y agregue ¼ de taza de agua bien fría, mezcle todo buscando una mezcla homogénea, después que la masa obtenida se le despegue de los dedos y obtenga la textura de una plastilina, póngalo en el frío por espacio de 15 min. Casque los huevos y separe las yemas, de las claras, en una sartén ponga 2 cucharadas de harina y ½ taza de agua al tiempo, diluya todo y adicione 2 yemas de huevo, acto seguido añada el zumo de los limones y la ralladura de uno de ellos, continúe con el azúcar hasta obtener una natilla, espere que refresque. Saque la masa del frío, y sobre una superficie lisa estire la masa con ayuda de un rodillo, trabájela hasta reducirla a una altura de 3 mm aproximadamente. Córtela al diámetro de un plato y disponga de un molde más pequeño para que le queden bordes altos a la masa. Cocínela al horno por 15 min.

Ingredientes:

- 115 gr de azúcar
- 230 gr de harina
- 200 gr de mantequilla
- 1 lata de leche condensada
- 1 limón
- 2 huevos
- 1 gr de sal

*Consejo:

Para cerciorarse de que la leche condensada está bien cocida, antes de perforar la lata golpee con el cabo de una cuchara los laterales de esta, si todos sus lados suenan compactos y sólidos, entonces proceda a abrir, de lo contrario corre el riesgo de que no esté lograda y se arruinará después de abierta, si existe la duda continúe cocinándola.

a 180 grados, antes de introducirla al horno pinche la masa con un tenedor para evitar que se le hagan burbujas por la acción del calor, después de cocida desmóldela y agregue en el fondo la leche cocida (fanguito), encima y cubriendo esta la natilla de limón, y por último monte las claras de huevos a punto de nieve con azúcar y páselas por el fuego logrando los famosos merenguitos quemados, decore con esto y buen apetito.

Natilla de Frutas flameadas con mojito en postre

Ingredientes:

2 tz de agua
115 gr de fruta bomba
115 gr de mango
115 gr de piña
115 gr de azúcar
100 ml de leche

2 huevos
6 cucharadas de maicena
1 limón
½ tz de miel
8 ramitas de hierbabuena
1 gr de sal

Tiempo de ejecución:
10 min
Complejidad:
Baja

Elaboración:

Pele y obtenga las masas de las frutas y bátalas por separado. Disuelva la maicena en leche junto con los huevos, agregue a partes iguales del licuado de maicena a las frutas batidas, adicione azúcar al gusto y puntee de sal. En tres cacerolas medianas ponga las mezclas de frutas por separado a fuego medio y remueva hasta que cuaje, retire del fuego y deje refrescar. En el vaso de la batidora adicione la miel y las hojas de hierbabuena con el limón, licúelo.

Preséntela después que se haya refrescado en una jarra transparente cubriéndose a 3 niveles, y bañe con el licuado de miel. Termine decorando con trozos de fruta natural.

* Consejo:

Este licuado de miel, hierbabuena y limón, puede utilizarse como acompañante en cualquier postre, y también guarneciendo platos de embutidos y entrantes, es muy versátil, atrévase a probarla.

143

Tiempo de
ejecución:
40 min
Complejidad:
Baja

Flan
de Leche
de Coco

KK

Ingredientes:

80 gr de masa de coco
3 huevos
115 gr de leche en polvo
115 gr de azúcar
1 tz de agua de coco
1 gr de sal

Elaboración:

En el vaso de la batidora poner primeramente el agua de coco, los huevos y el resto de los ingredientes, mezcle todo. Por otra parte disponga de un molde metálico, póngalo directamente al fuego con el azúcar, logre un caramelo que bañe los bordes del molde, apártelo del fuego y déjelo refrescar. Voltee la mezcla en el interior del molde acaramelado y tápelo con ayuda de un nailon o un platillo, con el objetivo de que no le salte agua al interior, cocínelo entonces durante 25 o 30 min. en baño de María. Pasado este tiempo, déjelo enfriar para desmoldar.

*Consejo:

En caso de que no le guste el coco, con el resto de los ingredientes obtendrá un delicioso flan de leche tradicional.

KB

Atropellado Matancero al estilo nuevo

Tiempo de
ejecución:
20 min
Complejidad:
Baja

Ingredientes:

1 tz de agua
3 cucharadas de miel
2 cucharadas
de leche en polvo
1 cucharada
de maicena
115 gr de piña pelada
115 gr de masa de coco
1 gr de canela
1 limón
1 gr de sal

¿Sabías que...?

El atropellado matancero se conoce por más de 10 versiones, fue un postre muy emblemático de la Colonia y preferido por la burguesía criolla, hoy se lo muestro en una reinterpretación de las tantas formas de hacer un postre de nuestra patrimonial cocina.

146

Elaboración:

Diluya en el agua la leche en polvo y la maicena, ralle el coco, pele y corte en dados pequeños la piña, ponga la miel a calentar en una sartén, y cuando comience a espumar agregue la piña, déjela cocer por 1 min aproximadamente. Descortece el limón, disponga la corteza en tirillas muy finas y agréguelo a la miel junto con la piña, saque el limón con extremo cuidado y resérvelo. Adicione a la sartén la mezcla de leche y remueva hasta que tome textura de natilla, retire del fuego y deje refrescar a temperatura ambiente. Vierta la preparación en una copa de postre, y termine espolvoreando la canela y coronando con los hilos de limón, enfríe bien y deguste.

147

Pompas de Leche y dulce de fruta bomba

Ingredientes:

115 gr de leche en polvo
1 huevo
115 gr de azúcar
115 gr de fruta bomba
1 limón
1 gr de sal
1 tz de agua
1 cucharada de aceite

* Consejo:

El tiempo en que se mezclan la leche y la clara, debe ser muy poco, ya que la clara se contrae con el aire y la mezcla se granula, impidiendo el logro de la esfera. La mezcla no debe guardarse sin bolear o conformar.

Tiempo de ejecución:
15 min
Complejidad:
Baja

K18

Elaboración:

En un bol ponga la leche en polvo, casque el huevo, y con cuidado de no romper la yema sepárela de
la clara, agregue la clara sobre la leche y mezcle bien, sin
perder tiempo bolee esta masa en forma de esferas pequeñas en
una cazuela de bordes altos, ponga el azúcar y el agua a fuego medio, cuando comience a burbujear agregue las esferas de
leche. Pele y corte la
fruta bomba en tro-
zos medianos e
incorpórelos a la
cazuela, re-
mueva todo con
mucho cuidado,
buscando siem-
pre que las
esferas se
doren uniforme-
mente por la acción
del azúcar sobre
ellas, luego sá-
quelas y póngalas
sobre la superficie
previamente em-
badurnada en
aceite. Retire del fuego el almíbar con la
fruta bomba y adicione el zumo de limón
para evitar que se caramelice, añada la
sal, deje enfriar. Sirva las esferas y
la fruta bomba bañadas en almíbar.

149

Ingredientes:

115 gr de membrillo
115 gr de leche en polvo
115 gr de azúcar
60 gr de queso crema
60 ml de agua

Tacones
Cubanos
membrillo de guayaba,
cremita de leche y queso

En una sartén ponga el agua y el azúcar a cocer a fuego lento, cuando esté humeando adicione toda la leche y remueva cada cierto tiempo, mantenga el fuego bajo por espacio de 45 min. Obtendrá una masa muy densa, moldéela en los cuadrantes de cubitos de hielo de su refrigerador y enfríe bien, sirva intercalando con el membrillo y el queso, si le parece, decore con una hojita de hierbabuena.

*Consejo:

Los sabores de frutas, lácteos y dulces caseros siempre nos han acompañado en la mesa cubana, hoy siguen siendo de obligada presencia, solo que debemos cuidar más de nuestra salud disminuyendo los niveles de azúcares, sobre todo en los postres, y no solo disfrutará sin empalagarse, sino que vivirá más y mejor. Recuerde un viejo adagio... "Somos lo que comemos.

Serpentina de Helado Judith en su barquillo

Ingredientes:
- 50 ml de helado de chocolate
- 50 ml de helado de mantecado
- 50 ml de helado de fresa
- 60 gr de azúcar
- 115 gr de harina
- 1 huevo
- 115 gr de mantequilla
- 1 cucharada de miel

Elaboración:
Abra y extienda una bolsa de nailon, vierta sobre ella y esparza los primeros 50 ml de helado del sabor que desee, repita la operación colocando uno sobre otro, utilizando los sabores según prefiera. Envuelva la bolsa como si fuera la cobertura de un caramelo y congele. Mezcle la harina con la mantequilla y el azúcar en un bol, adicione solamente la clara del

*Consejo:

La tortilla se asemejará a una concha, y su nombre culinario, "lengua de gato", es muy parecida al barquillo de helado que conocemos. En esta preparación puede cambiar los sabores de helado según usted prefiera.

Tiempo de
ejecución:
12 min
Complejidad:
Baja

huevo y bátala, debe obtener la textura de una crema, logre hacer en una sartén a fuego medio una tortilla muy fina, cuézala tapada por espacio de 2 min. aproximadamente. Ponga en su mesa o meseta una taza boca abajo y vierta la tortilla caliente sobre esta, la misma tomará el molde de la taza con una forma cóncava, deje enfriar por 5 min. Sin moverla saque el helado y móntelo en el interior del cóncavo, bañe todo con miel. Listo.

Ingredientes:

- 1 tz de aceite
- 4 mazorcas de maíz
- 1 huevo
- ½ tz de leche
- 2 cucharadas de leche en polvo
- 4 cucharadas de azúcar
- 1 gr de sal
- ½ tz de miel
- 4 ramitas de menta

Elaboración:

Retire los granos de maíz de la mazorca y muélalos o bátalos junto con las leches, el huevo y el azúcar, ponga a calentar el aceite en una sartén, agarre con una cuchara una porción y póngala a freír. Por otra parte, en una sartén ponga la miel y las hojas de menta, caliéntelas hasta espumar, adicione las frituritas y retírelas del fuego, se pueden consumir tibias o frías.

Frituras de Maíz Dulce con Miel y Menta

Consejo:

Estas frituras pueden lograrse también saladas, solo sustituya la miel, la leche y la menta por ajo, cebolla y ají molido, mézclelo a la preparación y continúe con la fritura, acompáñela de kétchup o mayonesa.

Panetelita Torreja con Uvas y Chocolate
o café amargo

Tiempo de ejecución: **15 min**
Complejidad: **Baja**

Ingredientes:

¼ libra de pan del día anterior
1 cucharada de vino seco
½ tz de leche fluida
1 tz de aceite
1 huevo
1 tz de café amargo
1 cucharada de polvo de chocolate
1 cucharada de uvas pasas
1 gr de sal

¿Sabías que...?

Según cuentan los que saben, las torrejas son oriundas de Madrid, pero como todo lo que anda por el mundo y llega a esta isla cuando lleva un tiempo se hace nuestro, la absorbemos, la fusionamos, madrileña la torreja, el café de la India y el chocolate de las colonias francesas, así es Cuba, una mezcla ente lo dulce y lo amargo.

Elaboración:

Descortece y rebane el pan al ancho de un dedo, córtelo o porcciónelo de la manera que le parezca (nunca olvide divertirse en la cocina), en un bol mezcle el vino seco, la leche fluida y la sal, moje ligeramente el pan, ponga el aceite a calentar, pase las torrejitas por huevo y póngalas a freír, en la medida que se doren, sáquelas y póngalas a escurrir, por otra parte ponga el café a reducir hasta que se vuelva un sirope amargo pero con un fuerte aroma a café, deje

caer las uvas pasas sobre el café reducido y resérvelo. Ponga el azúcar con 2 cucharadas de agua y el chocolate a diluir, moje las torrejitas en esta preparación y sírvalas acompañadas del café con las uvas pasas.

Tabla de equivalencias.
Medidas comunes

- -

*Unidades de volumen

1 cucharada = 15 ml = 3 cucharaditas

1 cucharadita = 5 ml = 60 gotas

2 cucharadas = 30 ml = 1 onza

4 cucharadas = ¼ taza

16 cucharadas = 1 taza = 8 onzas = 240 ml

2 tazas = 1 pinta = 16 onzas = 480 ml

3 tazas = 1 botella = 24 onzas = 720 ml

4 tazas = 1 quarter americano = 32 onzas = 960 ml

1 galón = 3,78 litros

*Unidades de masa

1 libra = 460 gramos = 0.46 Kg = 16 onzas

1 onza = 29 gramos

* Temperaturas al horno

°F	°C	
250	121	Muy lento
300	149	Lento
350—375	177—191	Moderado
400	204	Caliente
450—500	232—260	Muy Caliente

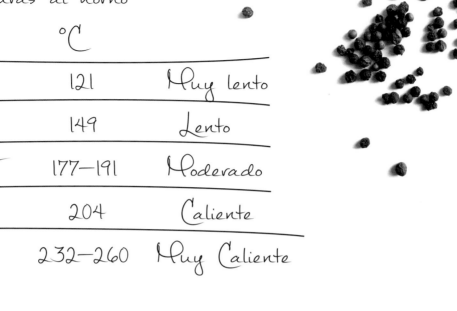

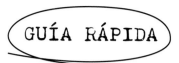

GUÍA RÁPIDA